MINERVA
社会福祉叢書
㊾

知的障害者が長く働き続けることを可能にするソーシャルワーク

―職場のソーシャルサポート機能を重視した就労・生活支援―

上村 勇夫 著

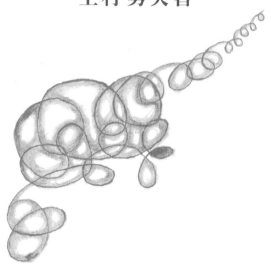

ミネルヴァ書房

はじめに

　企業と福祉の架け橋になりたい。これが筆者の夢である。企業と福祉現場，両方において働いた経験から得られた方向性である。筆者の社会福祉実践の原点は，地域において自立生活をしている重度障害のある人の生活介助ボランティアであり，この活動を通して，障害のある人々が社会参加することの意義を肌で感じることができた。さらに一般企業における就労が，社会参加のための重要なステップであることを確信したのは，障害者地域作業所の職員として就労支援を学んだ時であった。その後，特例子会社において職場改善業務に従事した時に，障害のある人とともに働く一般従業員の役割の重要性に着目するようになった。さらにジョブコーチの経験を通して，障害のある人の就労継続においては，職場内の支援のみならず，生活に関わる問題についても視野に入れ，統合的に支援をしていく必要性を痛感した。上記の実践に取り組む傍らで大学院に通い，本書のテーマについて研究を進めた。

　本書は，知的障害者の就労継続に有効な支援モデルを実証的に提示する試みである。特に，企業において知的障害者とともに働く一般従業員に焦点を当て，そのソーシャルサポート機能を重視したうえで，労働面と生活面を統合的に支援する仕組みを指向して，ソーシャルサポート機能とソーシャルワーク機能との協働を提起した。さらに，ソーシャルワーク機能の担い手については，労働と生活両面を含めた総合的ケアマネジメントの展開が必要であることから，今後は相談支援事業所の重要性が増すことを示唆している。

　序章ではまず，「労働力重視」「能力主義」「一般就労至上主義」「労働と生活の分離」といった「経済論的な狭い労働観」が障害者雇用施策に影響を与えている問題に触れた。具体的な弊害としては就職支援に偏った支援システムになっていること，そして就労を継続するために特に知的障害者は労働面の支援だ

けでなく生活面の支援も併せて必要であるにもかかわらず，その支援体制の整備が遅れている問題を提起した。

そして本書の思想の土台となる，「労働哲学」および「新しい社会哲学」について整理していく。まず労働に関する思想・哲学について，「経済概念としての労働」一辺倒からの脱却，および人間行動を視座の中心に据えた労働哲学を検討している。また，人間行動の重要なポイントである「遊戯」に着目して，その本質である「自由性」「自発性」「自律性」を踏まえた労働観についても検討している。知的障害者が働いていくうえで，第一に「労働をとおした人間発達」，第二に発達だけでなく「労働生活の質」の視点，つまり労働における人との関係やコミュニケーション，労働の「やりがい」や「楽しさ」などを重視すべきという先行研究の指摘は，人間らしい労働を考える際の重要な視点であり本書でもこの視点を重視する。併せて，今後の社会システム構築の基盤となる新しい社会哲学に関連して，「第三の道」や「市民社会主義」「ソーシャルキャピタル」といった社会哲学をレビューし，それぞれに共通して言えることとして，「コミュニティにおける市民主体のきめ細やかなヒューマンサービス」の重要性および「社会的なつながり」が求められている点を明らかにした。これらの思想を整理したうえで，「知的障害者の就労継続には，企業内のソーシャルサポート機能を核にしたソーシャルワーク協働システムが有効である」という理論仮説を設定した。

第**1**章では知的障害者の一般就労の現状と生活機能について整理した。一般就労している知的障害者の労働と地域生活を把握する枠組みを構築するために，国際生活機能分類（ICF）により生活の機能的な側面を整理し，生活構造論の知見を参考にして生活の構造的な側面を整理した。

第**2**章では，ソーシャルサポート機能とソーシャルワークの協働を視野に入れて，両者の先行研究をレビューし，共通の機能とそれぞれ独自の機能を明確化した。

第**3**章では，知的障害者が雇用されている特例子会社の一般従業員の支援実態およびその困難感の構造を明らかにすることを目的として，首都圏にある特

例子会社11社の一般従業員61名を対象に質問紙調査を実施し，質的データ分析法を用いて構造を分析した．その結果，一般従業員が様々な困難感を抱えつつ，チームを組んで職場内でのサポートをメインに試行錯誤しながら取り組んでいることが明らかになった．困難感については①障害特性への対応の困難感，②生活問題への対応の困難感，③考えをそろえる困難感に分類され，さらに一般従業員の属性との関連を分析したことにより，立場による困難感の違いや共通点を明らかにした．それを踏まえ困難感の軽減策として①信頼関係および個別性の重視，②支援機関との協働，③資格の取得など教育の推進，④チームワークの強化を提示している．

　第**4**章では，知的障害者が就労を継続するための要因を探索的に明らかにすることを目的として，知的障害者の就労継続に関する成功事例を対象にインタビュー調査を行った．その結果として，「就労継続促進要因」と「就労継続阻害要因」を明らかにし，また企業内における①経営環境，②職場環境，③教育環境，④支援環境のあり方も整理した．特に支援環境については先行研究から6つのソーシャルサポート機能を援用したうえで，それには当てはまらない「問題発見機能」および「企業の一般従業員のポジショニングでは困難が伴うサポート」を提起している．中には，前章の調査で明らかになった支援の困難感を含む機能もあり，それ故に外部の支援機関が担うソーシャルワーク機能との協働が必要であることを導き出した．

　これらの知見を踏まえ，第**5**章では知的障害者の就労継続に有効な支援モデルを構築した．さらに第**6**章では上記の支援モデルを，企業や地域においてどのように実現していくかについて考察した．

　さて，光栄なことに，本書の第**3**章の元である筆者の原著論文「知的障害者とともに働く特例子会社の一般従業員の支援実態と困難感」（『社会福祉学』54(1)）は，2014年度日本社会福祉学会学会賞奨励賞（論文部門）を受賞した．評価のポイントは「開発性」であり，研究対象が知的障害者ではなく，一般従業員の支援実態と困難感に着眼した点であった．一方で，課題も指摘していただいた．「困難感の背景にある制度的背景との関連に関する言及」については，

本書においては，知的障害者の就労継続のために必要な労働と生活を統合的に支える制度が不備である点を指摘したうえで，職場で生じている困難感をサポートする支援モデルを提起した。また「細分化されたテーマを取り上げた論文の社会福祉学研究における位置の提示」については，大橋謙策先生よりご教示いただいた「社会福祉学の性格と構造」の枠組みにより整理した。最後に「得られた知見は予測の範囲を超えるものではない」といった指摘については，今後に残された課題である。本書において生成した仮説的モデルを確かめるべく，今後仮説検証型の研究に着手していきたいと考えている。

　2016 年 9 月

　　　　　　　　　　　　　　　　　　　　　　　　　　　　　著　者

初出一覧

序章第1・2節：上村勇夫（2012）「【研究ノート】知的障害者の労働と生活を統合的に支えるソーシャルサポートシステムに関する文献研究（前編）」『所報』82，財団法人社会福祉研究所，43-60。

序章第3節：上村勇夫（2012）「【研究ノート】知的障害者の労働と生活を統合的に支えるソーシャルサポートシステムに関する文献研究（後編）」『所報』83，財団法人社会福祉研究所，32-41。

第3章：上村勇夫（2013）「知的障害者とともに働く特例子会社の一般従業員の支援実態と困難感」『社会福祉学』54(1)，14-27。

＊上記以外は書き下ろし。

目　次

はじめに
初出一覧

序　章　知的障害者の就労継続に有効な支援とは何か……………… 1
　　　1　障害者雇用施策に及ぼす「経済論的な狭い労働観」の弊害　1
　　　2　「労働」に関する思想の概観　7
　　　3　新しい社会哲学，社会システムの枠組み　14
　　　　　──福祉国家から福祉社会へ
　　　4　知的障害者の一般就労と特例子会社について　23
　　　5　一般企業におけるソーシャルサポートの位置　33
　　　6　本書の視点と枠組み　44

第1章　知的障害者の一般就労の現状と生活構造体系……………… 49
　　　1　知的障害者の一般就労の現状　49
　　　2　知的障害者の生活機能──国際生活機能分類（ICF）による整理　49

第2章　ソーシャルワーク機能とソーシャルサポート機能………… 61
　　　1　機能に着目する理由　61
　　　2　ソーシャルワーク機能に関する先行研究　63
　　　3　ソーシャルサポート機能に関する先行研究　73
　　　4　ソーシャルワーク機能とソーシャルサポート機能　73

第3章　知的障害者とともに働く特例子会社の一般従業員は
　　　どのような支援をしているのか……………………………77
　1　一般従業員の支援を知る必要性　77
　2　調査・分析の方法　79
　3　調査の結果　82
　4　支援の実態からわかった困難感の構造とその軽減等　99

第4章　知的障害者の支援事例から考える就労継続のポイント…109
　1　就労継続支援の事例分析がなぜ必要か　109
　2　調査・分析の方法　110
　3　調査の結果——知的障害のある社員本人に関する要因　115
　4　調査の結果——環境因子としての企業における就労継続に
　　　かかわる要因　125
　5　就労継続に有効な支援について　131
　6　生活問題が就労継続に与える影響　138

第5章　知的障害者の就労継続に有効な支援モデルを考える……151
　1　意欲と自己効力感を高めるソーシャルサポート機能と
　　　ソーシャルワーク機能の協働　152
　2　一般従業員のポジショニングでは困難が伴うサポートにお
　　　けるソーシャルワーク機能の協働　153
　3　ソーシャルサポートの問題発見機能と情報共有の重要性に
　　　ついて　157
　4　総合相談支援とケアマネジメントの必要性について　158
　5　先行研究との対比によるモデルの妥当性の検証　159

第6章　地域における就労継続支援モデルの実現……………163
　　　1　現在の障害者雇用施策における就労継続支援の位置について　163
　　　2　支援モデルの実現性についての検討　174

終　章　ソーシャルワーク機能とソーシャルサポート機能の協働…181
　　　1　知的障害者の就労継続に有効な支援モデルの構築　181
　　　2　知的障害者の就労継続に有効な支援モデルの構築によって
　　　　　得られた意義　187
　　　3　今後の課題　189

文献一覧　195
おわりに　205
資料編　207
索　引　221

序　章
知的障害者の就労継続に有効な支援とは何か

1　障害者雇用施策に及ぼす「経済論的な狭い労働観」の弊害

　現在のわが国の障害者雇用施策は大きく分けて,「労働行政」の領域と「厚生行政」の領域に分けることができる。前者は主に「障害者の雇用の促進等に関する法律」に基づく施策である。障害者の雇用の促進と職業の安定を図ることを目的として, 障害者雇用率制度, 障害者納付金制度等, 職業リハビリテーションの推進を中心とする様々な施策が講じられている。一方, 後者では障害者自立支援法（現：障害者総合支援法, 以下同）により, 就労移行支援, 就労継続支援（A型, B型）の3つのプログラムが就労支援サービスとして規定されている。いずれも障害者の能力に応じた労働の機会を提供することが目的である。
　しかし現在の障害者雇用の状況を鑑みるに,「労働の機会の確保」の意味が一般企業における労働の機会の「量」に重きが置かれており, 労働の「質」の確保まで配慮が行き届かないシステムになってはいないだろうか。つまり, 多くの人に一般就労をしてもらうような施策はなされていて一定の成果は出ているものの, それで手いっぱいになり, 就労後も安定して継続的に働けるような就労継続支援（生活支援も含む）や企業支援の充実は課題がある状況である。そしてその根底には「経済論的な狭い労働観」が根強く存在し, それがシステムに影響しているのではないか。これが本論文の出発点となる問いである。本書における「経済論的な狭い労働観」とは, 資本主義経済における利潤追求の

理念に沿った考え方で,菊野(2003:26-28)の整理した労働概念のうち「狭義の労働」(Labour:賃労働,サラリーをもらう働き方)のことである。さらにいわゆる大河内理論にみられるように,労働者個人をみるのではなく労働者を総体的・画一的に労働力(マンパワー)として商品化して捉える経済合理的な観点もここに含まれる。その弊害としては以下のことが考えられる。

① 経済的な自立を重視するあまりに,障害者雇用施策が一般企業への就労,特に就職支援に偏重したシステムとなっている。それが②に影響し,さらには障害が重度な人の労働機会を狭めている。

② 一般企業に就労した障害者の支援体制について,労働面だけでなく生活も含め統合的に支える就労継続支援体制の整備が遅れ,支援方法・システムも未確立である。原因のひとつとして,労働支援と生活支援の分離,または働く場(企業など)と支援側の分離傾向が考えられ,それには経済論的な労働観が影響している。

本節ではまず上記の問題について,障害者雇用施策に影響を与えている労働観,それから労働哲学や新しい社会哲学・システムに着目して先行研究を俯瞰的にレビューする。そこからただ単に一般企業に就労することに価値を置くのではなく,その人らしい充実した生き方・生活を安定的に営めることを第1に目指しながら,人間らしい労働をとおして社会とつながり,働く喜びを感じられることが重要であることを確認する。そのうえで本書では,知的障害者が安定的に就労を継続し,生活を営むために必要な支援のあり方に焦点を絞っていき,特に企業内におけるソーシャルサポートを核とした就労継続に有効な支援のあり方を追求していく。

一般就労(就職)に偏重した障害者雇用の現状

昨今,一般企業による障害者雇用が進展し続けている。その中で知的障害者の就労者数も順調に伸びている(1)。しかし,現在の障害者雇用施策は一般企業への就労を重視するあまりに就職支援に偏った政策になっているのではないか。そしてその底流に経済論的な狭い労働観があるのではないか,という問題につ

いて検証する。

　労働と福祉はともに人の生活に深くかかわる点で強い関係性を持つテーマであるが，一方で労働と経済とのかかわりも緊密である。そのため労働というテーマを介して，福祉と経済とのバランスが随所に問われてくることは必然的なことと考えられる。障害者雇用施策の成立過程においても，常に福祉と経済とのバランスに関する議論がなされてきたが，杉原（2008, 2009）は戦後障害者雇用対策（おもに労働行政領域）の変遷の中で，「労働力重視」「能力主義」の考え方が随所で支配的であり，その後現在まで障害者の就労や雇用を考えるうえで主力な論となっていると指摘する。

　わが国で障害者自立支援法が成立した政策的背景のひとつに，近年の福祉政策にみられる「福祉から雇用へ」，つまり福祉受給者への就労指導を強化し，社会福祉の対象から脱却させようとする考え方がある。これは生活保護制度にも関連することだが，岡崎（2008）は欧米や日本におけるワークフェア[(2)]の論点を新自由主義政策との関連で整理し，特に短絡的に「自立＝就労」「自立助長＝福祉（所得保障）からの脱却」と捉え高圧的に就労を強制するような考え方に警鐘を鳴らし，当事者の抱える重層的な社会問題の解決をめざし，本人が主体的に生活を営めるようなソーシャルワークが重要であることを示している。

　また障害者自立支援法の意義として，社会福祉サイドから一般就労へ積極的に橋を架け，労働行政側との連携により就労支援が進展したという意見（京極2009）がある一方で，「一般就労至上主義」に対する批判もある。赤松（2010：82）は，「障害者自立支援法は一般就労に最も大きな価値を置いたために，障害の重い人たちの労働をわきに追いやった」と弊害を指摘する。その根拠としては，同法において就労移行支援事業の報酬を高く設定したり，一般就労を実現した場合の加算を設けたりする一方で，比較的障害の重い人たちの働く場（就労継続支援事業や地域活動支援センターなど）の事業報酬を下げた点にあるとする。このような「一般就労至上主義」が，障害の重い人の多様な労働を支える担い手（職員体制）に深刻な影響を及ぼしたのである。

　なお，障害者雇用率制度における障害者の認定において，各種障害者手帳の

等級で画一的に処理するシステムは，労働者を個人としてみるのではなくマンパワーとして画一的に捉える労働経済学と相通じるものがあるのではないか。合理的なシステムの構築は必要であるが，この認定方法について障害等級・範囲と，実際の職業的困難の度合いが乖離しているケースがみられるだけでなく，手帳制度の定義に当てはまらない生活機能障害を持つ人々（難病や高次脳機能障害など）の雇用の機会を狭めることなどが指摘されている（日本障害者雇用促進協会 1994）。

以上のように，施策策定過程における「労働力重視」「能力主義」，障害者自立支援法における「一般就労至上主義」，障害者雇用率制度における画一的な障害認定方法など，随所に「経済論的な狭い労働観」がみられると考えられる。岡崎の指摘する「自立＝就労」「自立助長＝福祉（所得保障）からの脱却」という考え方が，一般就労に偏重した現状を生み出しているのではないだろうか。

生活も含めた就労継続支援体制の大切さ

次に一般就労後の就労継続を支える際に，構造的にかかわってくる経済論的な狭い労働観の影響に触れたい。なお，本書で焦点を当てる障害種別は知的障害に絞るが[3]，ここでは一般企業に就労している知的障害者に関連して，就労継続支援が必要にもかかわらずいまだ整備されていない課題を指摘したい。

そもそも経済論的な狭い労働観においては，労働者一人ひとりに継続的に働いてもらうというよりも，労働力の確保さえできれば誰でもいいという考え方が主流になる。そこでは，一人ひとりの就労継続を支えていくといった発想にはつながりにくいことが推測される。それでいいのだろうか。無論この労働観においては，それを前面に押し出して就労継続支援は必要ないと主張しているわけではないが，生活も含めた個別支援自体が経済原理にはなじみにくく，制度化することにも支障をきたす要因となっているのではないかと思われる。先に触れたように，就職をさせるための支援の成果は就職という形により短期的にかつポジティブな結果でわかりやすく表れてくる。しかし就労を継続させるための支援は，退職の回避ならまだしも，満足いくような就労状況への改善と

いったような定性的な成果であったり，かつ長期的なスパンでみていかねばならなかったりするため，成果の測定の難しさがある。こういったことも効果的な就労継続支援の構築や制度化の遅れに少なからず影響を与えており，やはりこの根底には経済的な狭い労働観が影響していると考える。

　ここで，先行研究をみると，知的障害者の特徴として就労した後も引き続き様々な問題から支援を必要とするという傾向が報告されている。知的障害ゆえの，環境も含めた生活機能障害が原因と考えられるが，中には職場外の生活問題がきっかけで，就労を継続することが難しくなる事態に発展することもある。知的障害者の特性と職業上の問題について，望月（2009）は，作業遂行上の問題や特性に応じた配慮について例示的にまとめ，安定した職業生活の維持・継続のためには，職場における支援のみならず，日常生活上の支援とともに一体的に行うことが効果的であると指摘している。また野沢（2003）は，知的障害者が，消費者被害や性的被害に遭ったり，職場で不当な扱いを受けるといったケースが多発していることを指摘している。野沢は，様々な要因で本人や家族が被害を訴えにくい状況に陥りやすく，問題が表面化しにくい中で，今後の最重要課題として，知的障害者や家族が安心して暮らせるような地域づくりをめざし，「福祉の外側の人々」（警察などの公的機関の職員や雇用主側など）の理解を促進することを挙げている。石倉（2008）は，知的障害者本人と家族を対象にした調査結果をもとに，一般就労をしている知的障害者についても，金銭管理や通院，身の回りの家事，さらにはコミュニケーション支援といった日常生活支援の必要性を実証的に示している。中川（2003）も企業就労している知的障害者の抱える問題は，生活全体の中で様々な背景と原因により複雑に構成されており，部分に切り離して捉えることは不可能だと指摘している。

知的障害者の労働と生活の統合的支援の課題

　このような知的障害者の生活機能障害を考えると，就労した後のフォローアップが重要であることがわかるが，就労後の労働と生活の統合的支援については，現場レベルでは様々な実践がなされているものの，システムの確立はいま

だ不十分でこれからの課題である。松為（2009）は，就労移行者の増加に伴うフォローアップ体制の整備の必要性を指摘したうえで，地域において生活と就労を一体的・継続的に支援していくために，具体的な就労支援ネットワークのより一層の促進や，中核として役割を担う障害者就業・生活支援センターの充実を提案している。

　労働と生活を統合的に支える支援方法を確立するためには，企業も含めたネットワークをいかに構築するかが重要であるが，これを難しくする要因として，働く場（企業等）と支援側の分離傾向も一因として考えられる。安部（2009：733）は，企業側の立場として障害者雇用に尽力した自らの経験も踏まえ，雇用した障害者の問題を「原則安易に学校や支援機関等外部に解決をゆだねる性質のものではない」「企業内努力で乗り越えてこそ継続雇用責任（質的雇用義務）を果たしている」との見解を示した。ネットワークや連携による支援とは一線を画す見解である。この考え方は企業の責任論としての意味だけでなく，福祉的支援者側への抵抗感・不信感が影響していることもあり，企業と支援者との間の壁となっていることも現場ではしばしば見聞きされる。このような企業側と福祉側の意見の相違は根強く存在していると考えられる。

　しかし，職場を超えた生活問題については，企業だけでは対応に限界があるだろう。日本障害者雇用促進協会（2002）は，上記のような背景を踏まえて，地域における支援ネットワーク構築のための方策について，全国の多様でユニークな実践例を紹介し，ITやジョブコーチ，ケアマネジメントの活用の重要性についてまとめている。その実践例の中には，労働と生活を統合的にネットワークで支援することの重要性を意識し，試行錯誤しながら苦労して支援を展開している例が垣間みられるが，実践報告やヒント集的な性格が強く，より一層の研究が必要である。

　以上のように「労働力重視」「能力主義」「一般就労至上主義」「労働と生活の分離」といった「経済論的な狭い労働観」が，障害者雇用施策に影響を与えていると考えられる。上記に挙げた問題は，制度設計のレベルとして捉える以前に，根本的な労働観の問題として捉えるべきことであると考える。そして経

済論的な狭い労働観に基づいた制度設計を今後見直していかなければ，たとえ一般就労を実現したとしても，その後安定した労働と生活を営むことは難しいであろう。知的障害者の労働と生活を統合的に支える支援体制の構築が，研究的にも実践的にも課題となっているが，次に上記のような問題の解決に向けた基盤として，労働に関する思想を概観する。

2 「労働」に関する思想の概観

労働哲学について

本節ではそもそも労働をどのように捉えるか，また労働と生活との関係をどのように考えるべきか，という議論を概観する。「働くことの意味は何か」といった労働哲学的な問いは，あらゆる労働問題（労働条件，労働基本権，労働福祉，環境問題など）の根底にある基本的命題と位置づけられるが，林（1975：232-237）は，真の労働哲学が育っていないと問題提起をし，人間的労働観の確立の必要性を説いている。そのための方向性として2つのポイントを示している。

1つめは「経済概念としての労働」一辺倒からの脱却，および人間行動を視座の中心に据えた労働哲学の検討である。経済学では労働力を「マンパワー」という静的な経済概念として捉え経済政策を展開する。しかし，そのような視点では，働く人間そのものや具体的・動的な人間行動を捉えることはできない。このような経済学のマテリアリズム（唯物思想）のもとでは，機械が主人公で，人間が機械の一単位として扱われてしまう危険性（たとえば，ベルトコンベア方式やテーラーシステムなど）がある。産業革命以降，資本家優位のシステムのもとで，人間が疎外された労働（labor ＝ work ＋ hardship：苦しみ）を強いられる歴史が続いた。このような狭い労働観から脱却し，次のポイントで示す人間行動の視点を持ち，人間尊重論，ヒューマニズムの労働観（work）を再構築する必要がある。

2つめは人間行動の重要なポイントである「遊戯」に着目して，その本質で

ある「自由性」「自発性」「自律性」を踏まえた労働観の再検討である。林はヨハン・ホイジンガの「ホモ・ルーデンス（遊戯人）」の考え方を引用して、遊戯が人間にとって「否定すべからざる本質」であり、労働と遊戯は対立概念、反対概念ではないことを強調する。「遊びは不真面目だ」「労働意欲の再生産のための遊び」といった遊びに対する偏見（＝不道徳、不真面目、怠惰、非生産的）を払拭すべきだと提案している。

次にこれら2つのポイントについてさらに考察する。まず1つめのポイントである「経済概念としての労働」一辺倒からの脱却というテーマに関連して、現在の社会政策、社会福祉に大きな影響力を及ぼした大河内一男の理論についての批判を試みる。次に2つめのポイントである「遊戯」に着目した労働観に関連して、大橋謙策の論文「社会福祉思想・法理念にみるレクリエーションの位置」（大橋 1988）を取り上げ、最後に知的障害者にとっての労働と生活について考察する。

大河内理論と批判点

大河内一男はドイツ社会政策の影響を受けた社会政策学者で、資本主義経済下における社会政策の合理性・必然性について経済論を基盤に構築し、社会政策を国家による「労働力」の「保全」「培養」「再生産」のための「労働力政策」とした理論を展開した（大河内 1968）。さらに社会事業の理論化および社会政策との関係を論じ、生産性を失った一般消費者を「経済秩序外的存在」として位置づけ、社会事業による要救護性を規定するなど、社会事業の性格として社会政策の「補充」「代替」する役割と位置づけている（大河内 1938, 1970）。

大河内理論は現代の社会福祉分野にも多大な影響を及ぼしているが、様々な批判もなされている。批判の代表的な点として社会政策が労働力政策に限定されてしまっていることが挙げられる。この批判は分配主義的社会政策論者の北岡寿逸によってなされた。北岡（1942）は特に最低生活の確保という面では戦時・平時関係なく、失業者の救済や住宅難の緩和、生活必需品の確保といった分配策を社会政策として位置づける必要性を説いている。その考えに反論する

かのように，大河内 (1988：13) は晩年においても以下の記述にみられるように，労働力保全論に即して社会福祉制度について論じている。

> いわゆる「生き甲斐」と呼ばれるものは，労働力として機能することができなくなり，その可能性を失ったと思われている人々——老者，病者，身障者その他——に対して外から…（中略）…あれやこれやの「福祉」と思われるものを付与したり散布したりすることではなく，…（中略）…「働く」ことによって，また，働こうとすることによって，自分もまた社会の一員であり，社会に何かを寄与しているのだという人間的歓びを持つこと，それが「生き甲斐」であり，それを可能ならしめ，それを促進するような条件や環境を整備し，そのための生活扶助をしたり世帯としての機能の回復を援護することこそが真の「社会福祉」である。

つまり社会福祉は，労働力たる資格と能力を喪失して救済の対象となった人々に対して，「労働力なりマンパワーとしての機能を回復せしめるための緊急手段を提供しようとするもの」だと位置づけている。労働をとおして生きがいを感じ，生活機能を回復するという例は，実際に障害者雇用の現場でもしばしばみられることで非常に重要な機会である。しかし，労働力の再生産を過剰に重視し，その対象にならない人を経済秩序外的存在として別枠で対処するという考え方は社会福祉のあり方としては偏りを感じざるを得ない。大河内理論の影響の大きさを鑑みると，既述した赤松 (2010) の指摘するような重度障害者の多様な労働の機会を狭めるような弊害をはじめ，障害者雇用施策にも少なからず影響を与えたのではないだろうか。

なお，別の批判として社会政策の実施主体として国家を強調するがあまり，労働者の主体性を封じてしまったという点がある。これは運動論者の風早八十二による批判であるが，特に戦時下において大河内理論は国家官僚に支持され，労働統制を進める政策の一助となったことは否めない。この国家主導という点については今後の福祉国家のあり方を考えると限界が生じるであろう。その詳細は後述するが，背景として，従来の資本主義体制の揺らぎ，つまり生産人口の減少，成長指向の限界，グローバリゼーションに伴う人口の流出入と

いった外的環境の中で，新しい福祉国家のあり方としては国家主導ではなくコミュニティ重視へといった方向性にあるが，その中で大河内の理論的基盤がどこまで成り立つだろうか。

大橋のレクリエーションと自己実現論

　大橋（1988：57-60）は「レクリエーション」概念を，「人間が本来有している娯楽，遊び」であり，「積極的には自らの生活を創造的に作り上げていく文化的・精神的・身体的活動であり，消極的には自らの生活を安定的・快的に維持していく営みである」と定義している。「いわゆる"チイチイパッパ"の集団的遊戯活動だけを指すのではなく，人間の存在に欠かせない自己表現の方法であり，生活を主体的に，快的なものにする活動」である。それは日常生活の創意工夫や環境の改善，他人との交流に始まり，集団的に活動することも含んでいるし，時には自らの心のやすらぎを得る方法をも含んだものとしている。自己表現や創意工夫を強調している点は，林（1975）の主張する「自由性」「自発性」「自律性」を踏まえた労働観と共通していると考えられる。

　そのうえで大橋は，"生活の自立"のとらえ方について以下のように主張している。

① "生活の自立"の枠組みは，経済的自立のみならず，もっと生活全般をも視野に入れるべきである。

② 社会福祉サービスはこれら"生活の自立"が何らかの障害で維持できなくなった時，それに対して援助を行うとする考え方に立つべきであり，救貧的なサービス水準を基準にすべきではない。

③ 社会福祉とは「人間が自ら有している人間の特性を最大限に発揮する自立生活を総合的有機的に営めるよう社会的に援助する制度及びそれに必要な援助方法のことである」。

④ 人間が本来有している娯楽，遊びという側面をも視野に入れるべきである。

　上記の①〜④の主張の背景として，社会福祉分野においてレクリエーション

や余暇というものの位置づけがいまだ不十分であり，社会福祉サービス利用者をレクリエーションの主体として認知し，その条件整備を図るという点で留意されてこなかった問題がある。歴史的にも余暇は近代資本主義の中で労働時間や生活時間に対する「残りの時間」，また労働力再生産のために必要と位置づけられたことを指摘する。西洋においては，新救貧法における劣等処遇の原則，マルサスの『人口論』，ベンサムの功利主義にみられるように，思想的背景として個人主義的貧困罪悪観，つまり貧民の公的救済は道徳的に有害であるという考えが存在し，余暇，レクリエーションなどは軽視され問題にされなかった。日本においては，井上友一の風化行政思想，二宮尊徳の教えに基づく報徳運動にみられるように，勤勉，倹約，献身，忍耐，和合といった精神が奨励され，それらを実践できない人間は逸脱した人間とされた。当時，庶民娯楽制度が存在したが，庶民の娯楽については労働の褒美，労働力再生産の手段として位置づけられたにすぎなかった。

　一方で，遊戯が人間の本質として欠かすことができないとする思想も生み出された。ひとりは既述したホイジンガであり，日本では権田保之助（ごんだ やすのすけ）の娯楽論である。権田（1974：211-212）は娯楽を「人間は生活余剰と関係なく娯楽を追求するものであり，人間の心に本能的に娯楽欲求の生じたときが，人間の心に均衡を欣求する念の湧き出したことを証する標識である」とし，「生活創造の根底である」と位置づけた。さらに「生産の為の再創造」という思想は倒れなければならないと断言し，井上友一の庶民娯楽制度は娯楽を他目的化するものとして反対した。

　大橋（1988）は，さらに入所型社会福祉施設に関する各法の規定から，その劣等処遇的な生活観，労働力再生産説的な考え方ゆえに，レクリエーションの位置づけは具体性に欠け，二の次になりやすいことを指摘し，生活の質の視点を重視したレクリエーションを展開することによって，隔離的になりがちな入所施設の地域化，社会化といったオープン化方策の必要性を説いている。また大橋は在宅福祉サービスにおいては，自己実現サービスの重要性を強調する。自己実現サービスとは，在宅生活自立援助サービスを分節化した場合のひとつ

のサービス種別であり、労働、社会参加、交流活動、文化、趣味活動、コミュニケーションサービス、旅行、生涯学習など、人間の特性を最大限に発揮するという積極的な側面を促進する支援だとしている。これは人間の特性として、精神的、文化的に自己を磨き、人格を完成し、自己表現していく側面と、集団的に生活する喜びを見出す側面に着目したうえでの主張である。

労働が経済的なサービスに位置づけられているのではなく、自己実現サービスに位置づけられているところがポイントである。現状の「就労支援」は、企業への入職支援、入職後は作業指導や職業生活面の問題の対処に追われて、自己実現サービスまでには至っていないのではないかと考えられる。

「知的障害者にとっての労働と生活」再考

唯物思想的に労働者をマンパワーとして捉え、経済合理性のみを追求した労働観を採用するのであれば、生活問題への支援のあり方といった問題はそもそも議論の対象にもならないだろう。そのような理念の先では、障害者は大河内理論でいうところの「経済秩序外的存在」として蚊帳の外に置かれるかもしれない。しかし、人間本位の労働観の立場に立つならば、単なる経済を支える主体としての労働や経済的自立のための労働と限定するのではなく、主体性を重視した「自己実現のための労働」や「社会とつながるための労働」という側面がみえてくる。特に障害のある人の労働の意味を考える際にはそのような労働哲学に関する検討が必要となってくる。

丸山（2010）は、人間らしい労働を考える際の重要な視点として、第1に「労働をとおした人間発達」、第2に発達だけでなく「労働生活の質」の視点、つまり労働における人との関係やコミュニケーション、労働の「やりがい」や「楽しさ」などが重要であることを示した。そのことを踏まえて「障害者に仕事を合わせる」ということを、ただ「障害者が仕事を遂行できるようにする」ことだけでなく「人間発達につながるように労働を組織すること、『労働生活の質』を豊かにすること」を中心に据える必要性を説いている。この丸山論文はマルクス主義における人間発達を促す労働観や労働による人間疎外、目的意

序　章　知的障害者の就労継続に有効な支援とは何か

識性が確保された精神労働の重要性など，歴史的な労働観を論拠とした説得力のある内容であるが，あくまでも労働生活に主眼が置かれており，「労働と生活との関係」には触れられていない。

　そもそも労働と生活の関係はどのように捉えたらよいか。大橋（2008）は，社会福祉における自立生活の概念をノーマライゼーションや国際生活機能分類（ICF）の視点により，①労働的・経済的自立，②精神的・文化的自立，③身体的・健康的自立，④社会関係的・人間関係的自立，⑤生活技術的・家政管理的自立，⑥政治的・契約的自立という6つのレベルで整理している。特に注目すべきは①において「経済的自立」と「労働的自立」を別々に位置づけている点である。労働を経済的な自立のための手段として捉えるのではなく，労働そのものを自立の要件のひとつとして捉えている。すなわち「労働は意図的営みであり，創造する営みであり，他に働きかける営みである。その営みは人間の成長・発達に重要な役割を持っているし社会的役割を担うことでもある。それだけに賃金が高いか低いかの指標だけではなく，その人の能力に応じた働く機会を持っているかどうかの視点も含めて労働しているかを1つの要件として考えたい」（大橋 2008：43）としている。この自立の概念から，労働と（自立）生活は不可分のものであることがわかるが，労働と生活の関係については第1章に改めて詳細にまとめる。また，この労働観は丸山と共通する点が多分に含まれる。経済的自立生活の確保のみに偏ることなく，それぞれの能力に応じた労働に従事することが人間としての自立した生活を送るために必要な要件であることは賛同したい。またこれらの考え方が，「労働の質（QWL）」や「ダイバーシティ」「ディーセント・ワーク」「ソーシャルファーム」といった新しい労働の考え方の進展につながっていると考えられる。

　「ディーセント・ワーク（働きがいのある人間らしい仕事）」の概念は，1999年の第87回ILO総会に提出された事務局長報告において初めて用いられ，ILOの活動の主目標と位置づけられた。ディーセント・ワークの実現は，①雇用の促進，②社会的保護の方策の展開および強化，③社会対話の促進，④労働における基本的原則および権利の尊重，促進および実現の4つの戦略的目標

を通して実現されると位置づけられている。男女平等および非差別は，これらの目標において横断的な課題とされており（ILO 2009），この考えのもとに障害者雇用が進められており，最近では2011年に行われたアジア太平洋地域会議の医務局長報告書においてディーセントワークの考えのもと，中国やタイ，ラオスなどのアジア各国で障害者雇用のノウハウを提供したり，労働組合の支援を行ったりした旨が報告されている（ILO 2011）。

3　新しい社会哲学，社会システムの枠組み
―― 福祉国家から福祉社会へ

　先述したような労働と生活の捉え方を踏まえたうえで，それらを統合的に支えるシステムのあり方を検証したい。その際の重要なポイントとして，「コミュニティにおける市民主体のきめ細やかな支援の必要性」および「社会的なつながり」に着目する。

　経済的，政治的，社会的な変動に伴い，欧米各国においても新たな社会哲学に基づく福祉モデルの構築が課題となっている。ペストフ（＝ 2000）は既存の福祉国家モデルの限界，危機を踏まえ，その解決策として福祉社会への転換を提案している。それはリチャード・ティトマスが提案した社会サービスの3つのモデル（①残余的モデル，②産業業績達成モデル，③制度的モデル）に欠落していた形態であり，市民による自発的，互助的，参加的福祉供給モデルの提案である。

　ギデンズ（＝ 1999）は，旧式の社会民主主義（旧左派）と新自由主義（旧右派）を比較，両者の限界を示したうえで，それら2つを超克する道として「第三の道」を提案している。第三の道の政治がめざすところとして「グローバリゼーション，個人生活の変貌，自然と人間とのかかわり等々，私たちが直面する大きな変化の中で，市民一人ひとりが自ら道を切り開いていく営みを支援することにほかならない」と位置づけている。

　このような状況は日本も例外ではない。戦後日本社会が国を挙げて追求してきた，限りない経済成長あるいは物質的な富の拡大については現在では様々な

制約に阻まれその限界が露呈している。広井（2010）は，これからの時代を第4のステップ「成熟化」「定常化」の時代と位置づけ，「持続可能な福祉社会」の構築のためには地域レベルから福祉，環境，経済などのあり方を積み上げていくことが重要だとしている。

以上のように既存の社会システムの限界が指摘されるとともに，今後新しい社会哲学に基づく社会システムの構築が課題とされている。いずれの主張においても，市民の積極的な参加およびコミュニティや共同体といったネットワークの活性化が重視されている。そこで本節では，まずギデンスの「第三の道」を整理して，次にペストフが唱える「市民民主主義」，最後にペストフの考え方の基盤となっているパットナム（=2001）の「ソーシャルキャピタル（社会関係資本）」についてレビューすることとする。

「第三の道」とは

ギデンスは，各種社会保障制度の存続が危ぶまれるような不安定性が認識される現在の社会状況を「リスク社会」と位置づけ，ブレア政権時代の政策形成の基礎に据えた。リスク社会の要因としては，①グローバリゼーション：伝統経済の崩壊，投機的経済，多国籍企業の伸長，②インターネットや情報公開の普及によるリスク認知の拡大，③福祉国家への要求拡大による財政逼迫：寿命の長期化，家族の多様化，女性の社会進出など，といった点が考えられる（畑本 2004）。

ブレア政権はこのような認識のもと，左派，右派の中道である「第三の道」を選択していく。具体的な理念としては，①市民の福祉依存を断ち切り能動性を求め，国家が労働へのインセンティブとして合理的個人へと資源提供する「社会投資国家」，②①の思想の提示・国民への教育，および具体的なサポート体制としてのコミュニティの維持・確保（コミュニタリアニズム：国家による公正さの確保と社会の混乱防止）という方策である。

社会投資国家とは，経済的給付よりも人的資本への投資を行い，個人の自主性を尊重する国家のあり方で，具体的な施策の実施主体はコミュニティがベー

スとなる。企業家のイニシアチブを高めるための支援，生涯教育の実施，ワークライフバランスの推進などにより，人的な活力を高める具体的な策が提起されている。同時に，コミュニティの再生のために，中央から地方への権限移譲，地域活性化事業の実施や，地域の公的領域（道路，公園，社交の場など）の保全，公的部門と私的部門の連携も推進する。国家の役割は市民の主体形成を後押しすることが重要視される。

　以上が第三の道の概要であるが，ギデンスの著書はマクロレベルの政策モデルの記述が多く，ミクロレベルにおける実現可能性においてリアリティが希薄な印象を持たざるを得ない。市民の主体的参加を促すことができるような生涯教育の具体的な内容や，企業家が効果的に育成される支援のあり方などの具体的な議論が必要であろう。畑本（2004）は人的資本への投資に対する同様の批判を展開している。人的資本への投資とは，労働へのインセンティブを整備することにより，それを享受する個人は労働を通じて利潤を最大化するような行為に移っていくという狙いであり，当時の政権が想定した合理性であった。しかし，そのような政策的な誘導は実際には限界がみられた。その事例として一人親家庭政策が挙げられ，生活者としての合理性（たとえば，経済状況や労働よりも育児を優先するなど）と政府の考える合理性とのギャップが明らかになったのである。畑本はこのようなギャップが生じた原因として，インセンティブに人々が的確に反応できるようなサポート体制の不備を指摘する。「社会投資国家が投資する人々は，この投資から得られる資源を合理的に活用できなければならない。しかし，こうした人々の合理的な判断のためには適切な判断を継続していくためのサポートを行う支援組織，すなわちコミュニティの存在が必要である」としている（畑本 2004：218）。ここでいうコミュニティとは単なる地域社会ではなく，「道徳の声を常に市民に聞かせ続け，最も適切な判断を…（中略）…サポートするエージェント」と位置づけ，具体例として「家族・地域社会・学校・国家をはじめとした包括的共同体などの諸集団が含まれる」としている。ここではアミタイ・エツィオーニの主張を引用して，コミュニティで支えられることによる効果として，孤立して生活する人々よりも精神衛生の

維持や逸脱行動防止が期待でき，さらには社会投資国家の提供するインセンティブと生活者の判断をうまく橋渡ししてくれると整理している。

つまり以上の批判は，基本的に第三の道で提示される社会投資国家構想や労働のための福祉（welfare-to-work）の政策には肯定的であるものの，国家として制度的にインセンティブを用意するだけでは生活者としての市民の行動レベルまで効果が及ばず，よりきめ細やかな教育と個人の判断をサポートする橋渡しが必要であり，その役割をコミュニティが果たすべきだとしている。基本的には筆者もその主張には賛同したいと考えるが，コミュニティについてのより詳細な概念整理や，コミュニティの中でも誰が，誰を，いつ，どのようにサポートするのかといったサポート機能についてより具体的に検討する必要があると考える。サポート機能の重要な担い手としてソーシャルワーク機能が重要な位置を占め，さらにはコミュニティの構築・維持に関してはソーシャルサポートネットワークが重要になると考える。

市民民主主義

ペストフは保健，教育，保育，高齢者介護といった人的サービスへの市民による参加を提案している。今までの民主主義論における参加は，選挙を通じた政治的諸制度への参加，労働組合を通じた社会的諸制度への参加，共同決定および労働組合を通じた経済的諸制度（とりわけ社会保険）への参加の機会には触れられていたが，民主主義の第4の形態，すなわち市民民主主義についてはこれからであるとしている。

具体的には，協同組合や第三セクターの形態による社会的企業の一員として参加することが示されている。市民が共同生産者として対人社会サービスに参加することは，市民自らが，自らの利益を増大する機会に携わることになる。すなわち受動的ではない，能動的で活動的なステークホルダーとなるのである。このような市民民主主義を基盤として社会サービスを展開することにより，市民のエンパワメントが促進されることが期待されるが，この考え方を支えるもうひとつの重要な概念が「ソーシャルキャピタル」である。

ソーシャルキャピタルに関する詳細は後述するが、パットナムによると、「信頼」「互酬性の規範」「ネットワーク」といった公共財である。その特徴は、資本の供給がなされるほどに増大し、使われないと枯渇する資源（たとえば、2人がお互いの信頼を多く示せば示すほど、両者の相互信頼は大きくなる）であり、社会活動を通してその副産物として生産される資源である。それゆえに市民民主主義的な活動が活発化すればするほどソーシャルキャピタルが増強され、道徳的な基盤が維持されるという好循環につながると考えることができる。それでは次にこのソーシャルキャピタルについて、パットナムの理論を中心に詳述する。

パットナムのイタリアでの研究

パットナムは1970年にイタリアの地方制度改革が各州政府の「制度パフォーマンス」に与えた影響について大規模な調査を行った。その結果、北・中部に高いパフォーマンスがみられ、南部との格差が明らかであった。関連を調べると、「制度パフォーマンス指数」（内閣の安定性、予算の迅速さ、統計情報サービス、改革立法、立法でのイノベーション、保育所、家庭医制度、産業政策の手段、農業支出の規模、地域保健機構の支出、住宅・都市開発、官僚の応答性）と「市民共同体」指数（州別の優先投票率、国民投票率、新聞購読率、スポーツ・文化団体の活性度）に強い相関がみられ、逆に、州政府の内属的要因（職員安定度、当地政党の色）および外属的要因（都市化や教育レベル、イデオロギー的硬直度、工業化や公衆衛生の普及といった経済的近代水準）とは関連がほとんどないことがわかった。その結果から、ソーシャルキャピタルが発達した地域で制度パフォーマンスが高いと結論を導いたのである。

パットナムは集合行為のジレンマとの比較でソーシャルキャピタルを説明した。集合行為のジレンマとは、隣人と協力できるものならしたほうがよいに決まっているが、こちらが望むような行動を相手がとるとお互いに思えない、信用できない、つまり互いに相手が裏切るのではないかと考えてしまう結果、パフォーマンスが下がり、全員にとっての合理的な利益（相互利得）を生まない

仕組みである。それに対して，ソーシャルキャピタルは「信頼」「互酬性の規範」「ネットワーク」といった公共財であり，互酬性の規範と分厚いネットワーク，相互信頼によって裏切りのリスクは最小限になり，長期間にわたって交換を繰り返すと規範は強まり，好循環を生むとしている。ソーシャルキャピタルは生活の様々な局面における労働・資本・消費財の交換といった具体的な社会的諸活動の副産物として生み出され，市民の積極的参加による水平的交流が基盤となる。また弱い結合（親族関係ではなく知人や集団参加者）の方が結びつきを広げる可能性があると分析されている。パットナムは，最後に「ソーシャルキャピタルの構築は容易ではないが，ソーシャルキャピタルは，民主主義がうまくいくための鍵となる重要な要素である」（パットナム＝2001：231）という言葉で本文を終えている。

　パットナムは長期間にわたる膨大な調査をもとに，歴史の文脈を捉え経済学などの見地とあわせてソーシャルキャピタルの構造についてマクロ（メゾ）レベルで分析している。しかし，「ではこれからソーシャルキャピタルを構築するためには何が必要か？」という疑問に対して満足な回答を提示するまでには至らず，今後の課題としている。そういった意味では分析科学を重視したが，設計科学的な視点が欠如していたといわざるを得ない。信頼や互酬性の規範は何らかの市民相互の活動やネットワークの副産物であり，最初から用意されているものではない。ソーシャルキャピタル構築の核とは何であろうか。

その後のソーシャルキャピタル研究の展開

　パットナムの研究をきっかけにソーシャルキャピタルの研究が学際的（社会学，政治学，経済学，経営学，社会疫学，教育学，犯罪心理学，社会福祉学など）に展開されている。研究の基本的方向性としては，人々や組織の間に生まれる信頼・規範・ネットワークといった協調的な行動を分析することが課題になっているといえるが，定義や対象など論者間によって微妙な違いがみられる。またネットワークに焦点を当てるか，互酬性の規範・信頼を重視するかにより違いも出てくる。

前者は主にソーシャルキャピタルは個人に帰する私的財として捉え，たとえば個人がソーシャルキャピタルをどのように形成するか，個人の目標達成や精神的健康のためのソーシャルキャピタルの活用方法などの研究に取り組んでいる。

　後者はソーシャルキャピタルをよりマクロな公共財として捉え，社会全体の協調的な行動に焦点を当て，社会全般に対する信頼である「一般的信頼」を基礎に経済成長，不平等，腐敗などを論じている研究や，さらには社会やコミュニティの凝集性（cohesion：まとまりのよさ）に重点を置き，ネットワークを社会関係資本から除外し，健康との関係を論じている研究などがみられる（稲葉ら 2011）。

　ソーシャルワーク実践におけるソーシャルキャピタルの研究において，川島ゆり子（2011）は，ソーシャルキャピタルを「集団としての利益」ではなく，「個人としての利益」を視座にすえ，ミクロレベルの個別支援ネットワークから地域でのメゾレベルネットワーク形成までを視野に入れ，コミュニティケアネットワーク構築に関する実証研究に取り組んでいる。また川島典子（2010）は，地域における介護予防サービスにおけるソーシャルワークの方法論を検討する際にソーシャルキャピタルに着目し，結合型ソーシャルキャピタルと橋渡し型ソーシャルキャピタル（表序-1）の双方をコーディネートする必要性を示唆した。

新しい社会哲学，社会システムとは

　従来の福祉国家が危機的な状況にある中，新しい社会哲学として注目されている「第三の道」「市民民主主義」「ソーシャルキャピタル」についてレビューした。共通していえる重要なポイントとしては，「コミュニティにおける市民主体のきめ細やかなヒューマンサービス」および「社会的なつながり」が求められているといえるのではないか。それはすなわち今後はコミュニティをベースにしたソーシャルワーク実践がより重要になってくるとも考えられる。日本の社会福祉も，社会福祉基礎構造改革などを経たうえで，地域自立生活を支援

序　章　知的障害者の就労継続に有効な支援とは何か

表序-1　「橋渡し型（あるいは包含型：ブリッジング）」と「結束型（あるいは排他型：ボンディング）」の違い

	橋渡し型（ブリッジング）	結束型（ボンディング）
例	公民権運動，青年組織，世界教会主義の宗教組織など	民族ごとの友愛組織，教会を基盤にした女性読書会，洒落たカントリークラブなど
特　色	・外向き ・様々な社会的亀裂をまたいで人々を包含するネットワーク	・内向きの指向 ・排他的なアイデンティティと等質な集団を強化していくもの
長所的側面	・外部資源との連繋や情報伝播においてすぐれている ・弱いつながりが，様々な結びつきとなり，強いつながりになると，より高い価値を有する ・より広いアイデンティティや互酬性を生み出すことができる ・「積極的に前へと進む」(getting ahead) ・社会学的な潤滑剤	・特定の互酬性を安定させ，連帯を動かしていくのに都合がよい ・内部の人間にとっては決定的に重要な精神的，社会的支えとなりうる。財源的な支えや，信頼できる労働力を享受できることもある ・より狭い方向へ向かう ・「なんとかやり過ごす」(getting by) ・社会学的な強力接着剤
短所的側面		・内集団への強い忠誠心が同時に外集団への敵意をも生み出す可能性あり＝負の外部効果
共通点	・両方の社会資本が強力な性の社会的効果を持ちうる ・多くの集団は，結束と橋渡しを同時に行っている。結束と橋渡しは「どちらか一方」に社会的ネットワークがきれいに分けられるといったカテゴリーではなく，社会関係資本の様々な形態を比較するときに使える，「よりその傾向が大きい，小さい」という次元のこと ・両者をきれいに区別できるような，信頼でき，包括的で，全国レベルの社会関係資本の指標を見つけることはこれまでできなかった ・例：「コロンブス騎士会」異なる人種コミュニティの間の裂け目を橋渡しするために設立されたが，一方で，宗教，性別の線に沿って結束した ・例：「オンラインチャット」地理，性別，年齢，宗教を超えて橋渡しするが，その一方で教育水準とイデオロギーという関連からは非常に等質なものになるだろう	

出所：Putnam, R. D. (2000) *Bowling Alone : The College and Revival of American Community*, New York : Simon and Shuchter（＝2006，柴内康文訳『孤独なボウリング――米国コミュニティの崩壊と再生』柏書房）をもとに筆者作成。

表序-2　地域を基盤としたソーシャルワークの基本的視座

パラダイム	以前のパラダイム	今のパラダイム
①本人の生活の場で展開する援助（場）	・クライエントが相談機関に赴き、そこで特定の問題について相談を受ける ・相談機関の機能が限定されているので、生活環境との接点も限定的。問題解決も限定的。たらい回しの危険も ・当事者本人だけの変化を促す ・子ども、成人、高齢者といったライフステージと課題種別ごとで体系化	・クライエントとクライエント周辺の環境に一体的に援助を展開する「総合相談」 ・問題ではなく、生活全体に焦点を当てる ・本人だけでなく、環境の変化を促し新しいシステムを形成する ・長期的な働きかけ：各ライフステージに。クライエントを制度に合わせるのではなく、クライエント中心の援助
②援助対象の拡大（対象）	・特定の課題や原因が単一であるようなとらえ方	・地域生活上での「生活のしづらさ」に焦点化 ・多様で、複合的で広範な生活課題に対応 ・新しい問題 　▶ホームレス、外国籍住民、刑務所からの出所者、多重債務者、各種被虐待事例など
③予防的かつ積極的アプローチ（時間）	・「申請主義」本人や周囲からのSOSの訴えを受けて援助者が動き出す ・深刻な状態に陥ってから把握される⇒後手後手の対応 ・保護的な援助に終始しやすい ・予防的な機能は十分に発揮されず	・予防的な働きかけ：深刻になる前に対応⇒より効果的な援助 ・SWが日常生活圏域で、地域住民との協働によって問題発見機能を！ ＝アウトリーチ：地域への積極的な働きかけにより、より早いニーズキャッチ
④ネットワークによる連携と協働（援助体制）	・単独機関による介入	・複数援助機関や地域住民によるネットワーク、チーム＝ソーシャルサポートネットワーク ・クライエントの生活中心＝生活課題の複合化 ・連携と協働による援助でなければ対応できない ・インフォーマルサポートの重要性

出所：岩間伸之（2009）「第8章第2節　地域を基盤としたソーシャルワークの基本的視座——四つのパラダイムシフト」社会福祉士養成講座編集委員会編『新・社会福祉士養成講座6　相談援助の基盤と専門職』中央法規出版，136-140。

する地域福祉がメインストリームになった（大橋 2008：125）。大橋はさらに「福祉国家」の新しいモデルの構築のためにソーシャルワーク研究および実践に必要な視点を，以下のように示している。

> 地域住民のガバナンス能力を高め，地域のエネルギーと住民の協働による"地域自治体レベルにおけるソーシャルキャピタルを高めるコミュニティソーシャルワークの実践"を推進していくことにより，ネットワーキング型の福祉社会を築くという発想が大事ではないか。そのためには，地域住民の学習意欲と能力を高める福祉教育の活動を推進し，住民自らが自らの人生を切り開いていくエンパワーメントアプローチを重視したコミュニティソーシャルワークの展開が求められている（大橋 2008：223）。

岩間（2009）は大橋のコミュニティソーシャルワークの定義を踏まえて，「総合的かつ包括的な相談援助」における基本的視座として4つのパラダイムシフトを示した（表序-2）。労働と福祉という分野を超えた労働と生活の統合的支援のあり方を考える際には，同表のうち「③予防的かつ積極的アプローチ」および「④ネットワークによる連携と協働」が重要になると考える。労働と生活が分離しやすい状況においては，問題が発生してからの後手後手の対応になることが危惧される。特に企業では対応が困難な生活機能障害のある人に関しては，普段から支援機関とのつながりを確保することが予防的な働きかけにつながると考えられる。

4　知的障害者の一般就労と特例子会社について

以上，経済論的な狭い労働観の弊害や労働と生活に関する哲学および新しい社会哲学・社会システムを概観し，コミュニティソーシャルワークの視点の重要性にも触れた。それらを踏まえ，本書で取り扱う領域を限定していきたい。既に障害種別としては知的障害に絞ると述べたが，労働と生活の支援に関して本書で取り扱う領域について，結論から述べると，一般就労している知的障害者の就労継続支援のあり方に焦点を絞り，理論仮説として「知的障害者の就労

図序-1　就労概念

		自　営			
一般就労	一般雇用 （企業，官公庁等）		第3セクター	保護雇用	賃金補塡
			特例子会社		人的援助
福祉的就労	施設内 法内	就労継続支援A型 1)			環境設定
		就労継続支援B型等 2)			
	施設外 法外	作　業　所　等			

注1）筆者修正。以前は「福祉工場内」と書かれていた。
　2）筆者修正。以前は「授産施設内」と書かれていた。
出所：日本職業リハビリテーション学会職リハ用語研究検討委員会（2002）『職リハ用
　　　語集第2版』日本職業リハビリテーション学会，44。

継続には，企業内のソーシャルサポート機能を核にしたソーシャルワーク協働システムが有効である」と設定する。さらには調査の際には，特例子会社をフィールドとして設定する。以下，設定理由などに関して詳細に述べる。

知的障害者にとっての一般就労の意義

　ここで改めて「就労」という用語の定義と関連する言葉について，日本職業リハビリテーション学会職リハ用語研究検討委員会（2002）編集による『職業リハビリテーション用語集（第2版）』をもとに整理する（図序-1）。「就労」とは「収入を伴う生産的活動に従事すること」であり，大きく2つに分かれる。「一般就労」（competitive work,「一般雇用：competitive employment」も日本においては同義）は雇用契約を結び賃金の支払いを受ける形態であり，それに対して雇用契約を結ばず賃金の支払いを受けない（作業の結果としての収入の分配である工賃は受け取る）形態を「福祉的就労」という。さらに日本では制度的に採用されていないが「保護雇用」という概念がある。概念としては障害者に対してその障害特性に合わせた何らかの配慮を伴う就労形態をいう。日本では

就労継続支援A型や特例子会社がこれに近い制度と考えられている。

さて，本章の第2節で知的障害者の労働に関する重要なポイントとして，「労働をとおした人間発達」「労働生活の質」「やりがい・楽しさなどの重要性」を確認した。これらのポイントは競争原理が厳然と存在する一般就労においても実現することが可能であろうか。手塚（1986）は知的障害者が一般就労することの意義および逆に世間で聞かれるネガティブな意見を以下のようにまとめている。

≪知的障害者が一般就労することの意義≫
・働いて賃金を得る＝経済生活の面
・自信を得ていく。働くことに誇りを持つ＝人間性の広がりや成長の面，自己実現の面
・生活の変化，リズムなど，健康な生活を作っていく＝生活の面
・家族の承認が得られ，位置づけもはっきりする＝家族のかかわりの面
・仲間ができ，身近な人々との関係が広がる＝人間関係の面
・社会の中での承認や位置づけが明確になる＝社会とのかかわりの面

≪対立見解≫
・知的障害のある人が，なぜこの厳しい経済競争の社会に出て働かなければならないのか，手厚く保護された環境の中で生活を送ることこそ考えられるべきことだ
・働くことのみが人間にとって幸せなのか，"働かなければならない"ということから解放されたい
・リハビリテーションの基調は，主体性，自立性，自由という人間本来の生き方であって，その目標は，必ずしも職業復帰や経済自立のみでないことを理解しなければならない

企業で働くということは激しい経済活動をしている組織の中で，ひとりの従業員として労働を提供し企業の経済活動に参加し，その結果として報酬を得ていくことである。基本的に企業には，雇用したひとりの従業員の人間性を尊重し，その自己実現のために環境を整え，温かく援助していくという視点はない

と手塚は整理したうえで，それでも障害の有無にかかわらず社会に出て働くことは当然のこととの考えを示している。

　知的障害者が全社員のうちの7割を占めていて，かつチョーク製造の国内シェア30％を占めるトップ企業として注目されている日本理化学工業株式会社会長の大山泰弘は，自身の著書『働く幸せ』において働くことの意義に触れている（大山 2009：2-3）。

　　人間の究極の幸せは，
　　人に愛されること，
　　人にほめられること，
　　人の役に立つこと，
　　人から必要とされること，
　　働くことによって愛以外の3つの幸せは得られる。私はその愛までも得られると思う。
　　人間の幸せは働くことによって手に入れることができる。
　　このシンプルな真理に気づかせてくれたのは，彼ら知的障害者でした。

　大山も最初から障害者雇用に理解があったわけではなく，1960年に近隣の養護学校の先生の熱心な依頼に押され戸惑いながら知的障害のある人を2名雇用した。その後しばらく「施設にいれば楽に過ごすことができるはずなのに，つらい思いをしてまでどうして工場で働こうとするのだろうか？」との疑問が頭から離れなかった。しかしある時に禅寺の住職からの示唆で上記のような気づきを得た。「ありがとう」「助かったよ」という職場ではごく当たり前の言葉によって「人にほめられ，人の役に立ち，人から必要とされる」こと，つまり働く幸せの実感に結びついている。「施設で保護されていると『ありがとう』と言うことはあっても『ありがとう』と言われることはないかもしれない」と記している。

　また，知的障害者が主力となって経営できるように，様々な工程改革に苦心して打ち込んで成功に結びつけたが，このような工程改革は「企業でなければできない」と断言している。企業は少なくとも再生産が可能なだけの利益を生

み出さなければ継続することができない。だからこそ理念を「形」にする工程改革に全社員が必死で取り組んだのであり，一方で「福祉」の世界は，知恵を絞らなければ組織がつぶれるという危機感に関しては企業ほどではないので，そのような取り組みは難しいと考えている。「利益を出すことが絶対条件である企業だからこそ，知的障害者も働くことができるように工夫することができる」「障害者のみなさんに『働く喜び』を提供できるのは，福祉ではなく企業であるといえる」といった言葉は少なからず説得力を感じる。また知的障害者本人にとっての働く意義だけでなく，障害の有無に関係なくともに働く人々，さらには企業にとっての意義も表現されており，非常に興味深い傾聴に値する考え方である。

　これはあくまでも一社の一経営者の考えであり，これをもってすべての一般企業を代表しているとはいえないが，少なくとも知的障害者が一般企業で働くことも，「労働をとおした人間発達」「やりがい・楽しさ」といったことにもつながる可能性があることを確認できたと考える。本書の対象となるフィールドを特例子会社における一般就労に絞る理由は，筆者自身の障害者雇用にかかわった経験もある。すべての一般企業が万全の配慮のもと何も問題なく社員が過ごせているわけではなく，筆者はむしろ課題が多い現場もみてきた。しかし大山が指摘するように，「福祉」の世界と比べて企業の方が革新力や社会参加の開放性，社会貢献のインパクト，収益性などの面で有利な面があり，さらにそれが働く側としての知的障害のある人にとっても労働の場として人間発達ややりがい・楽しさに結びつく可能性があると考えている。それゆえに本書では一般就労に焦点を絞ろうと考えたのである。

特例子会社の社会的要請

　次に特例子会社の社会的要請について整理し，本書で取り扱う意義を確認したい。わが国の障害者雇用率制度においては，障害者の雇用機会の確保（法定雇用率＝2.0％）は個々の事業主（企業）ごとに義務づけられている。一方，障害者の雇用の促進および安定を図るため，事業主が障害者の雇用に特別の配慮

をした子会社を設立し，一定の要件を満たす場合には，特例としてその子会社に雇用されている労働者を親会社に雇用されているものとみなして，実雇用率を算定できることとしている。これが特例子会社制度である。2015年6月現在特例子会社は422社認定されており，2万4445.0人の障害者（うち知的障害者は1万2459.0人）が雇用されている。2004年度以降，特例子会社において雇用されている障害者は毎年1000～1500人の増加がみられるなど，近年の障害者雇用の促進に少なからず貢献している。

　特例子会社制度が導入されたのは1987年の身体障害者雇用促進法改正時である。この改正は，①精神薄弱者（当時の用語。現知的障害者）や精神障害者を対象に含め，名称も身体障害者雇用促進法から「障害者の雇用の促進等に関する法律」に改称された。②職業リハビリテーションの強化を図った大規模な改正であった。ただし，この大規模改正の過程で特例子会社制度の導入の根拠となる議論を見出すことがほとんどできない（伊藤 2012）。この改正の基調となった1986年の身体障害者雇用審議会による意見書の中には「一般雇用に就くことが困難な重度の障害者について多様な就労の機会を提供するシステムの開発」という文言がみられるだけであり，特例子会社という形態に到達した経緯は確認できない。

　そこで特例子会社に期待される社会的要請について，「障害者雇用促進制度における障害者の範囲等の在り方に関する研究会報告書」（障害者雇用促進制度における障害者の範囲等の在り方に関する研究会 2012：以下「研究会報告書」とする。）および2012年11月27日に行われた「第53回労働政策審議会障害者雇用分科会」での議事録（厚生労働省 2012：以下「分科会議事録」とする）を参考に論ずる。

　「研究会報告書」では，特例子会社について以下のような見解を示している。
　①　特例子会社制度が，知的障害者をはじめとする障害者の雇用促進に果たしてきた役割は大きく，多くの障害者をその特性に配慮して継続して雇用するという観点でも貢献しており，特例子会社制度は継続していくことが必要である。

② 一方，ノーマライゼーションの観点も踏まえ，今後は，特別に配慮が必要な障害者の雇用の受け皿という機能のみならず，特例子会社で蓄積した障害者雇用に関するノウハウを他の企業に普及・啓発させるなどの役割も期待される。また，親会社と人事交流を行うなど親会社の障害者雇用を積極化する仕組みとしても活用できるのではないかとの意見があった。

また同報告書には，研究会で実施した関係団体に対するヒヤリングの中で，特に特例子会社に関する意見を表序-3にまとめた。ほとんどの団体で，特例子会社制度は今後も必要との見解がみられた。その理由として最も多かったのが雇用促進への貢献である。また特に知的障害のある人の雇用促進に寄与しているとの指摘もみられた。一方，問題点としては，障害者だけを集めて雇用する形態がノーマライゼーションの考え方に反するので，障害のない人とともに働く仕組みを設けるべきとの指摘がみられた。また知的障害者に偏った雇用傾向を改善するために，第2号職場適応援助者や精神保健福祉士といった専門家の配置や，支援サービスの拡充をすることにより，精神障害者等の雇用拡大を図るべきとの意見もみられる。いずれにせよ全体としては上述のように特例子会社制度は今後も必要であり，より拡充していくための課題が提示された形となっている。

上記の報告を受けて，2012年11月27日に行われた「第53回労働政策審議会障害者雇用分科会」で以下の2点について審議された。

① 特例子会社制度が知的障害者をはじめとする障害者の雇用促進に果たしてきた役割を踏まえ，制度を継続していくことでよいか。

② 特例子会社の今後の役割についてどう考えるか。

「分科会議事録」によると，審議された結果，以下のような意見がみられた。
・制度の継続は必要。
〔理由1〕障害者雇用の促進に明らかに寄与している。
〔理由2〕働き甲斐のある仕事のノウハウが蓄積されているから。
〔理由3〕障害者雇用のパイオニア的存在，つまり先進的な実績があるから。
・将来に向けた課題

表序-3 「特例子会社制度の取り扱いなどについてどのように考えているか」
研究会ヒヤリング結果

(福)日本身体障害者団体連合会	・就労に困難度の高い重度障害者の雇用を促進するために機能している面がある一方、障害者だけを集める雇用形態には問題があるとの指摘もある ・社会モデルの考え方をもとにこれまでの取り組みについて十分な検討を行う必要がある
全日本手をつなぐ育成会	・障害の社会的モデルにそぐわないという意見があるが、知的障害の場合、雇用促進の現実策として効果を上げている点で評価すべきである ・特例子会社の役割は大きく雇用率アップにも貢献しているが、軽度の人たちが採用されがちである。より多くの重度知的障害者や様々な障害特性を持つ人が会社の貴重な戦力として働けるような、専門支援員の配置をより積極的に促すような仕組みの構築を期待する
公益社団法人全国精神保健福祉会連合会	・障害者雇用の促進に役立っていると考えるが、特に知的障害者に重きが置かれている。精神障害者の受け入れがもっと可能になるように、第2号職場適応援助者や精神保健福祉士を配置し、特例子会社の環境を整備することが必要である
社団法人日本てんかん協会	・競争的雇用の場になじみにくい知的障害者、精神障害者の雇用の場として、一定の役割を果たしているので必要と考える。ただし、もっと、多くの障害のある人活躍できるように、専門職(精神保健福祉や医療領域)の配置などの環境改善や支援サービスの拡充などを期待する
一般社団法人日本発達障害ネットワーク	・引き続き研究が必要と思われるが、知的障害の重い人をはじめ様々な障害特性を持つ人が社会に出て働くことを可能とする制度であると評価している ・企業における障害者雇用への理解を推進する機動力ともなっており、雇用率アップにも貢献していると評価している
一般社団法人日本難病・疾病団体協議会	・有効な場合と、かえって障害を持つ人を企業から隠してしまいかねない面とがあり、両面からの検証も必要ではないか。また実施する場合には企業内での一般就労者との交流なども必要と考える
東京障害者職業センター	・多くの助成制度を活用してきており、それらの制度をさらに改善し、先駆的な障害者雇用に取り組むインセンティブをもたらすことも考えられる ・いずれにしても見直しについては、科学的な根拠を得るための調査、研究開発が必要となり、相当程度の期間がかかるものと見込まれる
ハローワーク府中	・雇用する側、働く側双方にとって有効な制度として機能している。特に、大企業向きの施策として、グループ算定と併せて、障害者(特に、知的障害者)の雇用促進に寄与しているため、今後も必要と考える

出所:「障害者雇用促進制度における障害者の範囲等の在り方に関する研究会報告書」(2012年8月3日)より筆者作成。

〔課題1〕障害の有無による職場の分離の解消。

〔課題2〕キャリアアップの仕組み導入。

〔理由1〕については研究会でも多数出てきた見方である。〔理由2〕について労働者代表である冨高裕子（全日本電機・電子・情報関連産業労働組合連合会中央執行委員）は以下のように述べている。

> 実際には障害者の雇用が進んでいないという中で，我々の加盟組合の企業でも特例子会社を持っているところがありますが，この中でやりがい，働きがいを持って活躍されている障害者の方たちが非常に多いですし，特例子会社を設置している会社によっては，障害者の労働環境をきちんと考慮して，障害者を積極的に雇用していくという観点から設置されているところもあるかと思います。現に私の知っている特例子会社で，ITネットワークなどを使って，非常に生き生きと働かれている障害者等もいらっしゃいます。我々は今後，障害者の雇用を促進していかなければいけないので，むしろノウハウを蓄積されている特例子会社は今後も継続させていく必要があると思います。

また〔理由3〕のように特例子会社の先進性に着目した発言もみられる。使用者代表の栗原敏郎（株式会社大協製作所代表取締役社長）は以下のように述べている。

> 私どもも加盟しています重多事業所の協会（社団法人全国重度障害者雇用事業所協会）の中でも，特例子会社がいちばん先進的なのです。何が先進的かといいますと，今まで身体（障害）とか知的（障害）は多数の企業が雇用していたわけです。そこで，今度は精神（障害）が出てきた。精神に対して，真っ先に取り組んでいったのは特例子会社なのです。特例子会社が今，その実績をどんどん上げているのです。ですから，そういうパイオニア的な役目をしているということで，そういう面から言っても，特例子会社は存続が不可欠だと私は思います。

次に課題であるが，〔課題1〕〔課題2〕ともリンクした形で議論されている。公益代表の松為信雄（神奈川県立保健福祉大学保健福祉学部社会福祉学科教授）が

キャリア形成ができる制度の導入を提言しており，それに対してほかの委員からも同意が出ている。しかもそれは特例子会社の内部だけで形成するのではなく，本社も含めたキャリアアップシステムが想定されている。その前提としては特例子会社の中だけでキャリア形成システムを導入する難しさがあることや，障害の有無が前提となっているがゆえに閉鎖的なシステムに陥りやすい危険性に対する警鐘が含まれている。この閉鎖性については障害者代表の竹下義樹（社会福祉法人日本盲人会連合会長）が指摘しており，人との交流が構造的に隔絶されたり，労働条件など労務管理の面で差別的になったりすることを危惧している。また就労上の目的が明確になるといったメリットなども併せて，松為はキャリア形成をより考慮するように提案している。特例子会社単体でのメリットとして厚生労働省は「障害の特性に配慮した仕事の確保・職場環境の整備が容易」となる旨を挙げているが，これは障害のある人を主に雇用する構造があるからであり，反面，このように障害の有無により職場を分けるがゆえの弊害が指摘されている。

　以上のように本分科会においては「特例子会社制度については原則 OK だけれども，改善すべき点がある」（公益代表：今野浩一郎：学習院大学経済学部経営学科教授）といった結論が出されている。特例子会社は今後，ノーマライゼーションの観点も踏まえ，特別に配慮が必要な障害者の雇用の受け皿という機能のみならず，蓄積した障害者雇用に関するノウハウをほかの企業に普及・啓発させるなどの役割も期待されている。また，親会社と人事交流を行うことによりキャリア形成のシステムを導入するなどの課題も明確化されていることが確認された。

　厚生労働省は事業主側のメリットを 4 点，障害者にとってのメリットを 2 点にまとめているが[6]，特に事業主側のメリットである「障害の特性に配慮した仕事の確保・職場環境の整備が容易となり，これにより障害者の能力を十分に引き出すことができる」「職場定着率が高まり，生産性の向上が期待できる」という点に関しては，実際にそのような状況になるかどうかは企業，障害者，家族，その他関係する人々の取り組み次第であり，今後も実践・研究両面で絶え

間ない追求が必要となってくると考えている。特例子会社も増加傾向にあり，特例子会社での知的障害者の雇用者数も増加している(7)ことから，ますます上記で確認した社会的な要請の期待度が上がってくるであろう。このような背景も踏まえ本書では一般就労の中でも特に特例子会社での雇用に焦点を当てることとする。

5　一般企業におけるソーシャルサポートの位置

　これまでに理論仮説として，「知的障害者の就労継続には，企業内のソーシャルサポート機能を核にしたソーシャルワーク協働モデルを実証的に構築すること」と設定する理由を述べたが，最後に，就労継続支援のあり方において，ソーシャルサポート機能を核にしたソーシャルワーク協働システムが有効であると設定する理由に触れたい。

　特例子会社に関しては社員の障害特性への配慮が前提となっているが，そもそも企業はあくまでも福祉の現場ではない。福祉現場とは違い，所属員に対する支援を本業として捉えることが当たり前と考えるべきではない。そのような中で，支援やサポート，援助行動という概念はどのように位置づけられるであろうか。

　障害者雇用の現場においてソーシャルサポートの担い手として最も重要な役割を果たすのは，作業現場でともに働く一般従業員であると考える(8)。就労継続のためには生活も含めて考える必要があることを既に確認したが，その意味ではもちろん家族や近隣の人，そのほか私的なつながりがある人も，ソーシャルサポートの担い手として重要な役割を担う存在である。しかし，就労継続に影響を与える度合いを考えると，同じ職場で日常的に接することが多い一般従業員によるサポートの重要度は高いと考えることができる。それゆえに本書では，一般従業員のソーシャルサポートに焦点を絞っていくこととする。本節では一般従業員の立場に関連した「援助行動」について，まず経営学や社会心理学でどのように位置づけられているかを踏まえたうえで，ソーシャルサポートの概

33

念規定を行う。

人的資源マネジメント論の「チーム行動」における「援助行動」の位置づけ
　図序-2は経営学におけるチーム行動の具体的な内容に関するモデルである（池田 2010）。「援助行動」と関連が強いと思われる要素が丸で囲った部分である。
　「業務に関連する協働」の中の，「協調」とはメンバー間で業務を調整することであり，「協同」は相互に役割を分担，連携して進めることである。チーム行動としてはあくまでも協力してともに進めていくことが重要であり，障害者雇用の現場においても例外ではない。「チームとしての適応・調整行動」における「バックアップ行動」とはあるメンバーが目標の達成に到達できない時や，つまずいた時にそれを改善するようにほかのメンバーが援助することである。「チーム内のコーチング」はメンバーに目標を達成するための十分な能力が備わっていない時に学習を促したり，建設的なフィードバックを提供したりするチーム行動である。障害者雇用においては職場適応のために必要な援助を行う「ジョブコーチ」が注目されているが，もともとチームによる経営活動に必要なものとして位置づけられていることがわかる。「チームの円滑な関係維持の管理」はチーム内の人間関係に配慮する機能である。

　以上のように，企業の活動，特にチーム行動においても協力してお互いを援助しあうという社会的規範が存在することがわかる。「障害者を援助する」ことは一見福祉的な活動としてみられがちで，企業における活動とは相いれない援助行動としてみられることがある。しかし，企業において，さらにチームにおいて課題遂行を実現する活動の中には，本来お互いに支えあっていくという考えが存在していることが確認された。併せて，このことにより援助行動にかかわる諸理論を障害者雇用にも援用できる可能性が示唆されたと考えられる。

序　章　知的障害者の就労継続に有効な支援とは何か

図序-2　「チーム行動」における「援助行動」の位置づけ

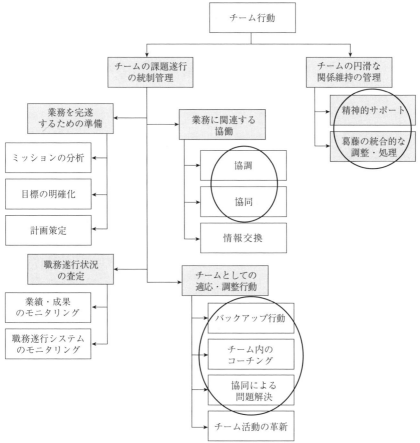

出所：池田浩（2010）「第7章チーム力」古川久敬編著『人的資源マネジメント』白桃書房，159。丸は筆者が追加。

表序-4　援助行動の類型化とその特徴

	特徴			
	社会的規範の指示[1]	個人的規範の指示[2]	援助出費	説　明
①「寄付・奉仕行動」類型	△	×	○	周囲から高評価を得るが，自尊心の高揚はない。行動しないと逆の結果
②「分与・貸与行動」類型	×	×	○	やらなくても周囲から非難されず，自尊心の低下もない
③「緊急事態における救助行動」類型	○	○	○	社会的評価も自尊心も向上。行動しないと逆の結果
④「労力を必要とする援助行動」類型	△	×	△	
⑤「迷子や遺失者に対する援助行動」類型	○	○	×	社会的評価も自尊心も向上。行動しないと逆の結果
⑥「社会的弱者に対する援助行動」類型	△	○	×	自尊心は高揚するが，周囲の評価は得られない。行動しないと逆の結果
⑦「小さな親切行動」類型	×	×	×	行動してもしなくても，周囲の評価や自尊心に影響しない

注：1）本特性の因子は「社会的規範の指示」「援助要請の妥当性」「非援助出費（社会的非難）」「援助の重大性」「援助報酬（社会的承認）」「非援助出費（不満足）」「援助の緊急性」「援助報酬（よい気分）」「援助報酬（感謝）」である。
　　2）本特性の因子は「非援助出費（恥）」「被援助出費（いやな気分）」「援助の個人的責任性」「非援助出費（自尊心の低下）」「援助の明瞭性」「援助報酬（自尊心の高揚）」「援助報酬（誇り）」である。
出所：高木修（1998）『人を助ける心――援助行動の社会心理学』サイエンス社，28-32より，筆者作成。

社会心理学における援助行動研究

　高木（1998）は「援助行動（向社会的行動）」の定義を「他者が身体的に，また心理的に幸せになることを願い，ある程度の自己犠牲（出費）を覚悟し，人から指示，命令されたからではなく，自ら進んで（自由意思から），意図的に他者に恩恵を与える行動である」と位置づけ，類型化したうえで特徴を表序-4のように分類している。
　この分類において障害者雇用における援助行動に関連が強いのは⑥「社会的弱者に対する援助行動」類型だと考えられる。この行動の特徴としては，個人

的規範としての認識が強くなされているだけでなく，社会的な規範として，つまり周囲の要請のもとに援助が求められる特徴も若干であるが示されている。障害者雇用の現場ではよりこの要請が強くなることが状況特性として推測される。それゆえに障害者雇用の職場においては「社会的弱者に対する援助行動」が求められると考えられる。ただし，援助行動の特性として個人的規範からの指示が強いため，行動の程度は個人によって差が出てきやすいことも併せて推測される。

さらに高木は，上記の7種類の援助行動類型について，その促進要因と抑制要因を分析し明らかにしている。まず援助行動全般にかかわる促進要因と抑制要因を，調査により以下のように明らかにした。

≪促進要因≫
・援助規範への積極的同調
・援助責任の集中
・援助または被援助の好ましい経験
・援助者と被援助者の好ましい人格特徴および援助者のよき感情状態
・援助規範に伴うサンクションの重視
・援助者と被援助者の近い関係

≪抑制要因≫
・援助規範からの意図的な逸脱とそれに伴うサンクションの軽視
・援助または被援助の好ましくない経験
・援助者と被援助者の好ましくない人格特徴
・援助責任の分散
・援助能力の欠如

さらに7種類の援助行動類型別にこれらの要因がどのように影響を与えるかを分析している。ここでは「社会的弱者に対する援助行動」類型について触れる。まずこの行動が促進されやすい状況としては，(a) 潜在的援助者が援助的性格の持ち主であり，困っている他者に関心を向けやすいよい気分や感情状態にあり，しかも，その他者が助けてあげたいと思わせる好ましい特徴を持って

いるときや，(b) 援助可能者が自分以外にいなかったり，援助を拒否，無視するものがいると，援助責任を強く感じて，行動に結びつきやすいとしている。次に抑制されやすい状況としては，援助に失敗して嫌な気分になった，あるいは，援助要請が拒否されたり，援助されてかえって事態が悪化したなどの経験があるときが挙げられている。

　これらの知見は一般従業員による支援のあり方を考える際に参考となると考えられる。ただし，企業でともに働く知的障害のある社員が「社会的弱者」として必ずしも位置づけることはできないので，その点は画一的な捉え方にならないよう注意が必要である。

企業の一般従業員によるソーシャルサポートの位置づけ

　企業内における障害のある人への支援について，米国の援助つき雇用において使用されてきた言葉として「ナチュラルサポート」がある。小川（2000：25-31）はナチュラルサポートの定義を，「障害のある人が働いている職場の一般従業員（上司や同僚など）が，職場内において（通勤も含む），障害のある人が働き続けるために必要なさまざまな援助を，自然もしくは計画的に提供することを意味する。これには職務遂行に関わる援助のほかに，昼食や休憩時間の社会的行動に関する援助，対人関係の調整なども含まれる」としている。

　また，若林（2008）はジョーン・バターワースを引用し，ナチュラルサポートとソーシャルサポートとの関係を図序-3のように整理している。しかし，このようにナチュラルサポートを職場内の従業員によるサポートに限定するとすれば，障害のある人の生活面の支援はどのように考えるのだろうか。既に確認したように企業就労している知的障害者の抱える問題は，生活全体の中で様々な背景と原因により複雑に構成されており，部分に切り離して捉えることは不可能であるとの指摘がある。特に生活面の問題を職場内に持ち込んでしまうような場合，単純に職場外の支援者によるソーシャルサポートで解決するというわけにはいかない。生活面の支援を企業の人も担うか否かは意見が分かれるところであるが，企業側も，職場内のナチュラルサポートだけでなく，職場

図序-3　ナチュラルサポートとソーシャル
　　　　サポートの関係

	職場内	職場外
フォーマル なサポート	計画的 ナチュラル サポート	ソーシャル サポート
インフォーマル なサポート	自然 発生的	

出所：若林功（2008）『障害者に対する職場におけるサポート体制の構築過程——ナチュラルサポート形成の過程と手法に関する研究』調査研究報告書 No. 85, 高齢・障害者雇用支援機構, 5。

外におけるソーシャルサポートも担っていく必要があるとも考えられる。そうなると既に職場内に限ったナチュラルサポートという概念の必要性が疑問になってくると考えられる。それゆえに本書においては企業の一般従業員による支援を概念化する際に，ナチュラルサポート概念ではなく，ソーシャルサポート概念を援用していくこととする。

　ソーシャルサポートは，社会福祉の専門家による支援や社会福祉サービスといったフォーマルな支援と，家族や友人，隣人といったインフォーマルな支援者によって提供される支援の両方が含まれる概念である（田中 2000）。企業の一般従業員のほとんどは非専門家であると考えられるが，中には第2号職場適応援助者（第2号ジョブコーチ）や障害者職業生活相談員といった資格を取る人もいる。しかし，障害者職業生活相談員に関しては，継続的な就労を支える重要な役割を期待されているにもかかわらず，2日間の形式的な講習会で修了し十分な教育内容となっていない（安部 2009：733）。また第2号ジョブコーチ

表序-5　ソーシャルサポートシステムの分類

ソーシャルサポートシステム	①自然発生的に成り立つサポート	家族，友人，隣人（一般従業員）	インフォーマルなサポートシステム	非専門的サポート
	②意図的に作られたサポート	セルフヘルプグループ ボランティアグループ		
	③制度化されているサポート	社会福祉専門機関・職員，社会福祉制度	フォーマルなサポートシステム	専門的サポート

出所：田中尚（2000）「第6章　ソーシャル・サポート・システム」野村豊子・北島英治・田中尚ら『ソーシャルワーク・入門』有斐閣アルマ，150-178より．カッコ内は筆者が加筆．グレー部分が本書でとりあげるテーマ．

　も，あくまでも企業内での業務遂行の支援が前提で，障害のある人の作業遂行がスムーズになるためのテクニカルなノウハウが中心になっており，ここでいう生活も含めた支援の専門家と捉えることはできないと考える．本書では，企業の一般従業員はあくまでもインフォーマルな立場でのソーシャルサポートの担い手として考えることとする．

　ソーシャルサポートに関連した概念として「ソーシャルサポートシステム」がある．これは「家族や友人，隣人といったインフォーマルな支援者によって提供される援助（支援）を再評価し，社会福祉の専門家による援助（支援）と合わせて，社会福祉援助のシステムに組み込んでいくこと」（田中 2000：152）と定義される．支援を必要としている人を社会から切り離して理解するのではなく，その人の背後にある環境や社会関係にも着目して，インフォーマルな集団による支援やフォーマルなシステムによる文化的・制度的支援を活用することによって，問題や課題を克服していく力を重視する考え方である．ソーシャルサポートシステムについて表序-5のようにまとめたが，本書では知的障害者の就労継続に有効なソーシャルサポートシステムを構築していくうえで，非専門家によるソーシャルサポートのうち「①自然発生的に成り立つサポート」のあり方について重きを置きつつ，さらにその限界やほかのサポートの担い手を含めたソーシャルサポートシステムのあり方も検討することになる．

企業の一般従業員によるソーシャルサポートの重要性

　企業の一般従業員によるソーシャルサポートの重要性について整理する。前提として，知的障害者の生活機能障害に触れたい。知的障害者は，療育手帳の知能レベルにかかわらず職業的困難度が高い（伊達木・池田 1994）とされており，継続して働き続けることは容易なことではない。特に職場における人間関係のトラブルが特徴的で，離職理由の中で最も多いことが報告されている（神戸市 2006；東京都社会福祉協議会等 2008）。障害者の上司が必要だと考える環境整備に関する調査（春名・岡田・坂尻 2002）では，「職場内の人間関係」に関する環境整備（社会的ルールの指導や対話・声かけ，管理職や職員に対する啓発など）の必要性が他の障害と比較して高いことが示された。

　また，障害者の一般就労を支える人材の育成のあり方に関する研究会（2009）において，就労支援員（就労移行支援事業者），就業支援担当者・主任就業支援担当者（障害者就業・生活支援センター），第1号・2号ジョブコーチといった障害者の就労を支える専門家の育成のための研修体系の整備または見直しを図るべく研修カリキュラムの構築がなされた。ここで注目したいのは，今後の課題として専門人材以外の人材を育成するために，ほかの人材についても必要な知識・スキル，役割などを明確にし，研修のあり方について検討を重ねていく必要があるとの課題である。他の人材として上記の資格を持たない一般従業員が含まれるが，その育成の必要性を踏まえつつ，今後の課題としている。

　海外の状況についてレビューする。フェアドンスコット（Verdonschot 2009）は，知的障害者の社会参加の環境要因の影響に関する文献を系統的にレビューした。その結果，積極的な参加に影響を与える多くの環境要因が以下のように同定された。選択をする機会，施設環境の多様性と刺激，政策立案への継続的な関与の機会，小さな入居施設，自立の機会，職業サービス，ソーシャルサポート，家族の関与，支援技術，そして職員の積極的な態度である。フローレス（Flores 2010）は，知的障害を持つ労働者の労働生活の質（Quality of Working）に関する調査で，シェルタードワークショップや援助付き雇用のいずれ

かで雇用される知的障害のある労働者507人にインタビュー調査をした結果，同僚や上司からのソーシャルサポートが労働生活の質の向上に結びつくことを予測した。若林（2011）は，職場におけるサポートに関する英語文献のレビューを行い，実際に企業などで障害者と働いている障害のない同僚などに対する調査研究が不足している点と，関連する重要な諸概念（態度，偏見，援助行動，ソーシャルサポートなど）間の関係を整理し理論枠組みを構築していく点を指摘した。

以上のことから，職場でともに働く一般従業員の役割の重要性が認識できる。

一般従業員によるソーシャルサポートの限界および専門家との協働の必要性

一方で，非専門家のソーシャルサポートの限界およびその対応も検討する必要がある。知的障害のある社員の労働面と生活面を統合的に支援することは非専門家としては難しいと考えられる。そしてその限界を踏まえた時に，専門家との協働が必要となってくると考えることができる。どのような協働が考えうるか。現在障害者の就労支援の実践現場においてジョブコーチが注目され，制度化にまで至っている。しかし，ジョブコーチ関連のテキスト（たとえば小川2001など）には，就労継続支援の記載の中に生活支援に関する記述は見当たらない。あくまでも企業内での，主に作業支援や対人関係支援を役割としているからである。もともとジョブコーチの考え方は，アメリカの職業リハビリテーション法により規定されている援助付き雇用（Supported Employment）サービスの中での一翼を担う考え方であるが，ジョブコーチの位置づけとしては非常に限定的なものである。すなわち地域のリハビリテーション事務所のリハビリテーションカウンセラーが就労希望の相談を受け，職業評価，個別リハビリテーション計画の策定をしたうえで，シェルタード・ワークショップやデイセンター（日本でいう作業所や就労継続支援施設）に委託することによりジョブコーチが実施される。援助付き雇用では役割の専門分化が進んでおり，狭義のジョブコーチは「雇用専門家（Employment Specialist）」のスーパーバイズの下で職場における援助だけを担当する職員を意味することが多くなってきている。

「雇用専門家」はアセスメント，職場開拓，職場における訓練，企業・家族・関係機関との調整などのフォローアップも含めて援助付き雇用のプロセス全般を担うジョブコーチのことをいう。同テキストで小川は，「わが国では，『ジョブコーチ』と言えば，職場内で仕事の支援のみを行う職員がイメージされることが多く，米国の『雇用専門家』に相当する役割は十分に認知されていません。しかし実践が広く行われるにつれて，『雇用専門家』のように守備範囲の広い就労支援専門職の必要性がクローズアップされてくるでしょう」と記している（小川 2001：33）。その考えのもとにアセスメント，支援計画の策定も含めたノウハウを提示している。しかしその中にはクライエントの生活面への視点や生活支援機能に関することは触れられていない。支援展開において生活面と労働面を切り離して考えることが難しいとされる知的障害のある人に対する支援としては限界があるのではないか。また企業内の一般従業員では担うことが難しい生活面の支援などのフォロー，協働をつかさどるにはジョブコーチ（たとえ「雇用専門家」を想定しても）の考え方をベースにした支援では限界があると考えざるを得ない。

　社団法人日本社会福祉士会（2010：62）は，ソーシャルワーク視点に基づく就労支援方法をまとめているが，「社会福祉士がその持ち味を就労支援で発揮するのは，支援対象者の就労をはじめとするそれまでの暮らし方や来歴，すなわち，支援対象者の『その人らしさ』を表す『生活／人生（ライフ）』を踏まえた支援『ライフ・マネジメント』がなされることにある」という記載に着目したい。同書ではソーシャルワークのプロセス（インテーク――アセスメント――プランニング――コーディネーション――マッチング――フォローアップ――ターミネーション）の各段階における支援内容を記している。アセスメントとプランニングにおいて「生活全体」をみることを強調している。知的障害者の就労継続支援のあり方を検討するにあたって，これまでの先行研究のレビューを総合的に考慮すると，理論的にはジョブコーチの考え方よりもソーシャルワーク理論が有効であると考える。

　以上の理由で，「知的障害者の就労継続には，企業内のソーシャルサポート

機能を核にしたソーシャルワーク協働システムが有効である」という理論仮説を本書では設定することとする。付記すると社団法人日本社会福祉士会（2010）では，一般従業員によるソーシャルサポートの重要性と協働のあり方については触れられていない。

6　本書の視点と枠組み

先行研究を踏まえて理論仮説を設定する

　上記の先行研究のレビューおよび大橋の提起する「社会福祉学の性格と構造」[9]を踏まえて，本書が対象にするテーマや枠組みを整理すると，図序-4のとおりとなる。本書中，最も核となる枠組みとしては，【分析科学】（問題の提示）と【設計科学】（解決の提示）である。まず【分析科学】では，知的障害者の一般就労における継続支援において，労働と生活の支援は不可分であることと，それを踏まえた地域における統合的な支援体制が未確立であることをすでに提示した。その際は【目的・価値・哲学】のうち【人間本位の労働】と【生活】に関するレビューにより得られた人間発達につながるようなやりがいのある労働，社会的な役割を担い，社会とつながりつつ，喜びを感じられるような労働を視点として分析を進めた。そのような問題提示を踏まえて【設計科学】の枠においては，企業の一般従業員のソーシャルサポートの位置と重要性を確認し，さらにはその限界を踏まえソーシャルワークとの協働による継続支援が有効ではないかという理論仮説を設定した。

　そこで本書では，上記の理論仮説を踏まえ，「知的障害者の就労継続に有効な，企業内のソーシャルサポート機能を核にしたソーシャルワーク協働モデルを実証的に構築すること」を目的とする。この目的は【実践・臨床科学】におけるミクロレベルの知見に位置するが，さらにそれを踏まえたうえで，メゾレベル，つまり地域において上記のモデルの実践を可能にするシステムについても提示していく。

　本書の意義としては，モデルの構築により一般企業で働く知的障害者の「労

序　章　知的障害者の就労継続に有効な支援とは何か

図序-4　本書の視点と枠組み

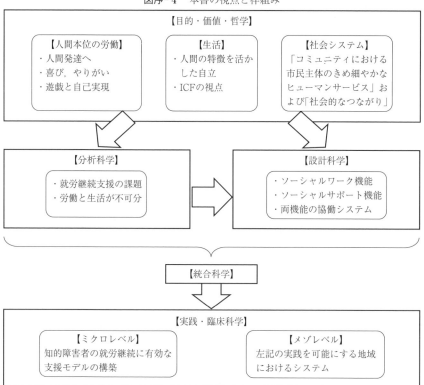

働と生活の質の向上」に寄与できることが考えられる。最終的には障害の有無にかかわらず，誰もが充実した労働に安定的，継続的に取り組むことができるために必要なサポートシステムを地域において構築していきたい。

理論仮説を実証する手順

本書における理論仮説としては，「知的障害者の就労継続には，企業内のソーシャルサポート機能を核にしたソーシャルワーク協働システムが有効である」と設定した。それを踏まえ本書の目的として，「知的障害者の就労継続に有効な，企業内のソーシャルサポート機能を核にしたソーシャルワーク協働モデルを実証的に構築すること」とした。この目的を達成するためには，以下のような手順が必要であると考える。

① 理論仮説に関連した実態を広く把握すること。そのために調査1として，知的障害者とともに働く特例子会社の一般従業員の支援実態と困難感に関する調査が必要だと考える（本書第**3**章で詳述）。

② 理論仮説に関連した実態のもうひとつの側面である成功事例から学ぶことも必要である。モデル構築の際に参考すべく詳細な実態を把握したい。そのために調査2として，グッドプラクティス企業において知的障害者が長年継続的就労を実現した要因に関する探索的研究が必要だと考える（本書第**4**章で詳述）。

③ 両調査およびソーシャルワーク等の先行研究（第**2**章参照）を踏まえたうえで，知的障害者の就労継続に有効なソーシャルサポート機能を核にしたソーシャルワーク協働モデルを構築する。なお，副題にもあるとおり，本書においては企業内のソーシャルサポートを中心に焦点を当てることとしているため，ソーシャルワークに関する調査は行わない。

注

(1) 詳細は第1章を参照。
(2) ワークフェアとは work と welfare との造語であり，主に福祉受給者に一定の就労を義務づけ，就労を通じてその精神的自立を促すとともに，経済的自立の基盤たる技術・技能を身につけさせようという改革理念・制度である。それは新自由主義政策（経済的自由競争を重視し，規制緩和や市場の競争ルールの整備を進める一方，社会福祉や教育など従来公共部門が担ってきたものを民間へと移して「小さな政府」を作り，「民間活力」による経済的効率やサービスの向上を図る路線）の流れで，アメリカのクリントン政権やイギリスのブレア政権が打ち出した政策である。
(3) 知的障害に絞る理由は就労継続支援のあり方について実証的に考える際に，以下の理由で各障害種別の中で最も適していると考えたからである。
 ・身体障害ほどではないが，知的障害のある人が雇用されるようになってから長年経過してきている。その中で長期間就労継続をしてきた人も出てきており，現場レベルでもノウハウが確立してきていると考えられるから。その意味では精神障害や発達障害，難病といったいまだ雇用実績が浅く，新しい課題と位置づけられる種別よりも適していると考えられる。
 ・既に触れたような生活機能障害があるがゆえに就労継続が難しく，生活も含めた就労継続支援のニーズが高いから。
(4) 訳書においては「社会資本」と訳されているが，他の先行研究では「ソーシャルキャピタル（社会関係資本）」とされることが主流であるので，それに従う。なお経済学における「社会資本」とは異なる概念である。これは「社会共通資本」「インフラストラクチャ」を意味し，具体的には道路・港湾・住宅・公園・緑地・工業用地・上下水道・公営住宅や病院学校などを表し，関連する書籍として宮本憲一『社会資本論』（有斐閣，1967年）が著名である。
(5) 実人数ではなく，法定雇用障害者数。
(6) 特例子会社によるメリットとして以下のように提示されている。
 ① 事業主にとってのメリット
 ・障害の特性に配慮した仕事の確保・職場環境の整備が容易となり，これにより障害者の能力を十分に引き出すことができる。
 ・職場定着率が高まり，生産性の向上が期待できる。
 ・障害者の受け入れに当たっての設備投資を集中化できる。
 ・親会社と異なる労働条件の設定が可能となり，弾力的な雇用管理が可能となる。
 ② 障害者にとってのメリット

図序-5　社会福祉学の性格と構造

```
        ┌─────┐
        │ 哲学 │
        │ 目的 │
        │ 価値 │
        └─────┘
         ↑   ↑
        ╱     ╲
┌──────┐     ┌──────┐
│分析科学│←──→│設計科学│
└──────┘     └──────┘
         ↓
     ┌──────┐
     │統合科学│
     └──────┘
         ↓
    ┌────────┐
    │実践・臨床科学│
    └────────┘
```

出所：大橋謙策の講義をもとに，筆者作成。

　・特例子会社の設立により，雇用機会の拡大が図られる。
　・障害者に配慮された職場環境の中で，個々人の能力を発揮する機会が確保される。
(7)　詳細は第1章を参照。
(8)　先行研究では「対象者である障害者と一緒に働く従業員。対象者と直接接する上司・同僚やその周囲の人も含まれる」と定義している（若林 2008：16）。一般と特殊というような形で分け隔てるような表現に違和感を感じざるを得ないが，本論文では先行研究に準じた表現に統一する。
(9)　「社会福祉学の性格と構造」（図序-5参照）は学問としての社会福祉学のあり方，研究方法の枠組みを示したものである。分析科学（問題），設計科学（解決）の両面を併せ持つ統合科学であることを示すとともに，それらの前提となる「哲学・価値・目的」の重要性を強調している。本論文においてはそもそも（障害者の）労働とは何か，自立とは何か，大河内理論などとの差異をどのように捉えるか，どういう社会哲学で捉えるのかという点を問い直すことが重要である。なお，この考え方は大橋謙策の講義において示されたものであり，特定の文献に記載されたものではない。

第1章
知的障害者の一般就労の現状と生活構造体系

本章では，知的障害者の一般就労の現状と生活機能について詳細に整理する。

1 知的障害者の一般就労の現状

障害者の就労意欲の高まりや，企業のCSR（社会的責任）意識の高まりの中で，障害者雇用は着実に進展している（表1-1）。2015年6月現在，雇用義務のある民間企業（50人以上規模の企業）で雇用されている障害者は約45万3000人[1]（うち知的障害者は約9万8000人）であり，2004年以降，軒並み雇用者数は増加し，実雇用率は上昇している[2]（厚生労働省 2015）。特例子会社制度は障害者雇用率制度において雇用率算定の特例制度として規定されており，障害者の雇用の促進と安定を図るため，事業主が障害者の雇用に特別の配慮をした子会社と位置づけられている。序章で述べたとおり現在特例子会社は422社認定されており，2万4445.0人の障害者（うち知的障害者は1万2459.0人）が雇用されている。2004年度以降，特例子会社において雇用されている障害者は毎年1000～1500人の増加がみられるなど，近年の障害者雇用の促進に少なからず貢献している。

2 知的障害者の生活機能
―― 国際生活機能分類（ICF）による整理

知的障害の定義

米国精神遅滞協会（＝2004：13）は知的障害の定義について，「知的障害を

表 1-1 2015年障害者雇用状況抜粋

		全労働者数[1]	内障害者数				合計	障害者数の全労働者数に占める割合[6]	重度障害者数の全労働者数に占める割合[6]
			重度[2]	重度短時間[3]	非重度3障害[4]	精神障害短時間[5]			
		人	人	人	人	人	人	%	%
全民間企業	実人数	―	106,362	13,534	207,294	39,163	366,353	1.88	0.50
	カウント	24,122,923.0	212,724	13,534	207,294	19,581.5	453,133.5		
うち特例子会社	実人数	―	7,608	144	8,919	332	17,003	69.23	31.56
	カウント	24,560.5	15,216	144	8,919	166.0	24,445.0		
うち非特例子会社	実人数	―	98,754	13,390	198,375	38,831	349,350	1.45	0.47
	カウント	24,098,362.5	197,508	13,390	198,375	19,415.5	428,688.5		

注：1) 法定雇用障害者数の算定の基礎となる労働者数：常用労働者総数から除外率相当数（身体障害者及び知的障害者が就業することが困難であると認められる職種が相当の割合を占める業種について定められた率を乗じて得た数）を除いた労働者数。
2) 重度身体障害及び重度知的障害者。所定労働時間は週30時間以上。法定雇用障害者を算定する際は、法律上1人を2人に相当することとしており、ダブルカウント（実人数×2）で算定される。
3) 重度身体障害及び重度知的障害者である短時間労働者。所定労働時間が週20時間以上30時間未満。
4) 重度以外の身体障害者、知的障害者。所定労働時間は週30時間以上。
5) 精神障害者である短時間労働者。所定労働時間は週20時間以上30時間未満。法定雇用障害者を算定する際は、法律上1人を0.5人に相当するものとしており、0.5カウント（実人数×0.5）で算定される。
6) 分母である全労働者数は実人数が公表されていないためカウントベースで算定している。

第1章 知的障害者の一般就労の現状と生活構造体系

固定した状態ではなく，支援とその人の強さで相対的に決まる状態」との前提のもと，以下のように定義している。

> 知的障害は，知的機能および適応行動（概念的，社会的および実用的な適応スキルによって表される）の双方の明らかな制約によって特徴づけられる能力障害である。この能力障害は，18歳までに生じる。
>
> 以下の5つの前提は，この定義の適用には不可欠である：
> 1．現在の機能の制約は，その人と同年齢の仲間や文化に典型的な地域社会の状況の中で考えられなければならない。
> 2．妥当な評価は，コミュニケーション，感覚，運動および行動の要因の差異はもちろんのこと，文化的および言語的な多様性を考慮しなければならない。
> 3．個人の中には，制約がしばしば強さと共存している。
> 4．制約を記述することの重要な目的は，必要とされる支援のプロフィールを作り出すことである。
> 5．長期間にわたる適切な個別支援によって，知的障害を有する人の生活機能は全般的に改善するであろう。

障害という固定した概念ではなく，個人の機能的制約と支援によって流動的に変化するものであり，その考え方が広く浸透するに至った過程において国際生活機能分類（the International Classification of Functioning, Disability and Health：ICF）の貢献を認めている。

以下では一般就労している知的障害者の労働と生活をICFの枠組みで捉え，かつ生活構造論の考え方も参考にして整理していく。

ICFおよび生活構造論による一般就労している知的障害者の労働と地域生活の整理

ICFは生活の機能面を捉えたものである。生活構造論での生活の捉え方をみると，機能面だけでなく，その機能を果たす場である構造の側面も捉える説がみられる。青井ら（1973）の生活体系の捉え方としては，図1-1のマトリッ

図1-1 青井らによる生活構造体系とICFの関係

生活体系							生活環境・社会状態
	構造的要因	状況枠	外的規制要素			内的規制要素	
			物財体系	社会体系	文化体系	パーソナリティ体系	
機能的要因		生活空間 生活時間	生活手段 家計状況	社会関係 役割構造	情報ルート 生活規範	生活意識 社会的背景	
生活行為	経済的行為 対社会的行為						
	意思決定行為 目標遂行行為						
	家事的行為 相互融和行為						
	文化的行為 生理的行為						

注：太枠部分はICFを援用する。
出所：青井和夫・松原治郎・副田義也（1973）『生活構造の理論』有斐閣双書，182-187より，筆者作成。

クスのように生活体系を構造的要因と機能的要因に分けて考え，構造的要因が機能的要因である生活行為にどのように影響を与えているかと捉える説である。ただ，構造的要因については比較的具体的に示されたが，構造的要因である生活行為についてはわかりやすくは示されなかった。そこで機能的要因である生活行為と生活環境・社会状態（環境因子）の部分についてはICFで整理して，構造的要因については青井らの示した項目を援用することとした。

　一般就労している知的障害者の労働と生活をICFおよび生活構造論の枠組みによって試験的に整理する。これは障害を固定的に捉えるためではなく，労働と生活の関係を整理し，その中で特に一般就労している知的障害者の状況を把握するためにより重視して捉えるべきポイントを明らかにするためである。いわばアセスメントの準備のためである。そのためにまず一般就労している知的障害者の労働と生活についての先行研究を取り上げて，それをモチーフにし

てICFおよび生活構造論の枠組みで整理していく。なお，生活構造論の枠組みの詳細については，青井ら（1973：186-187）による「都市の生活実態調査」の調査項目を参考にする。

手塚（1986）は一般就労をしている知的障害者の職業生活を進めるための4つの条件を示している。【本人の働く力】【職場の支える力】【家庭の支える力】【地域の支える力】である。以下4つの条件の要点を記すとともに，ICFおよび生活構造論の枠組みとの対応を提示する。なお，表1-2に整理の過程をまとめた。

第1の条件【本人の働く力】

まず手塚は，知的障害者が働く際に関わってくる知的精神機能について触れている。具体的には，「思考，認識，判断，言語，知覚，創造，記憶，随意運動」の8領域であり，この発達の問題により，判断力を極力必要としない職場での環境設定の重要性を説いている。職場での環境設定については，第2の条件である【職場の支える力】で触れる。環境設定に着目することも重要だが，機能障害の現れ方は個人により違いがある。それゆえに【本人の働く力】の前提として，機能障害についてもアセスメントする必要があると考える。ICFで言えば，「b117 知的機能，b122 全般的な心理社会的機能，b144 記憶機能，b156 知覚機能，b160 思考機能，b164 高次認知機能」が関連してくるだろう。

手塚は，【本人の働く力】の基本として，①働く意識，②意欲，③体力，④持続力，⑤健康への感覚，⑥安全への感覚，⑦生活習慣を挙げている。以下，この7項目の生活構造における位置を検証する。

知的障害者にとっての「①働く意識」については，働くことについての難しい理屈を理解するということではなく，父親と同じように自分も働くという意識を持っていることとしている。「②意欲」については説明を省略するが，この両者については「生活体系の構造的要因」のうち，パーソナリティ体系の【生活意識】（「生活満足度」「生きがい」等）に位置づけられるだろう。なお，「都民の生活構造調査票」には「働く意識・意欲」という項目がないので，筆者の提案として追加する。「③体力」「④持続力」については，ICFの「b130

表1-2 一般就労している知的障害者

先行研究		心身機能	生活体系の機				
			活動・参				
			d2	d3	d4	d5	d6
手塚による一般就労をしている知的障害者の職業生活をすすめるための四つの条件	第1の条件【本人の働く力】						
	働くことに関わる知的精神機能（思考，認識，判断，言語，知覚，創造，記憶，随意運動）⇒	b117知的機能 b122全般的な心理社会的機能 b144記憶機能 b156知覚機能 b160思考機能 b164高次認知機能					
	働く意識 ⇒						
	意欲 ⇒						
	体力 ⇒	b130活力と欲動の機能				○	
	持続力 ⇒	b130活力と欲動の機能					
	健康への感覚 ⇒					○	
	安全への感覚 ⇒					○	
	生活習慣 ⇒		○			○	
	第2の条件【職場の支える力】 ⇒						
	第3の条件【家庭の支える力】 ⇒						
	第4の条件【地域の支える力】						
	①食事，入浴，清潔等 ⇒					○	○
	②健康管理（服薬，通院等）⇒			○		○	
	③金銭管理 ⇒						
	④火の始末 ⇒					○	○
	⑤お酒，たばこのこと ⇒					○	
	⑥男女交際，結婚，性 ⇒						
	⑦休暇の過ごし方 ⇒						
	⑧友達や近所とのつき合い ⇒						
	⑨押し売り，勧誘の防止 ⇒			○			
	⑩電話，外出，外泊のこと ⇒			○	○		
大山（2009）の働く幸せ： ①人に愛されること，②人にほめられること，③人の役に立つこと，④人から必要とされること	⇒						

注：d2：「一般的な課題と要求」，d3：「コミュニケーション」，d4：「運動・移動」，d5：「セルフケア」，d6：「家
出所：筆者作成。

第1章　知的障害者の一般就労の現状と生活構造体系

の生活に関する先行研究の整理

能的要因（ICF）加（※）				環境因子	構造的要因
d7	d8	d9	その他		
					パーソナリティ体系【生活意識】に「働く意識・意欲」と追加
					パーソナリティ体系【生活意識】に「働く意識・意欲」と追加
			b740		
			b740		
○					パーソナリティ体系【生活規範】の「普段の心がけ」
				e325知人，仲間，同僚，隣人，コミュニティの成員・e425その態度	社会体系【役割構造】の「仕事での役割」
				e330権威を持つ立場にある人々・e430その態度	社会体系【社会関係】の「職場内人間関係」
				e310家族・e410家族の態度	
				e315親族・e415親族の態度	
	○			e320友人・e420その態度	
				e340対人サービス提供者・e440その態度	
				e345よく知らない人・e445その態度	社会体系【社会関係】の「近所・地域」
○		○		e355保健の専門職・e450その態度	
○	○			e360その他の専門家	
	○				
					パーソナリティ体系【生活意識】において「①人に愛されること，②人にほめられること，③人の役に立つこと，④人から必要とされること」と追加

庭生活」，d7：「対人関係」，d8：「主要な生活領域（経済生活）」，d9：「コミュニティライフ・社会生活・市民生活」

活力と欲動の機能」(3)があてはまるだろう。「⑤健康への感覚」「⑥安全への感覚」については，いずれも「d5 セルフケア」と位置づけられる。「⑦生活習慣」は，職場における生活態度であり，(1)会社の規約や約束が守れる，(2)自分をコントロールすることができる，(3)仲良くできる，(4)清潔さ，身辺処理ができる，(5)返事や挨拶ができる，としている。これらは「d3 コミュニケーション」「d5 セルフケア」「d7 対人関係」に当てはまるだろう。また「生活体系の構造的要因」(4)のうち，パーソナリティ体系の【生活規範】「普段の心がけ」が関連している。

第2の条件【職場の支える力】（一般従業員を中心に）

　知的障害者が働き続けていくための重要な環境因子として，まず【職場の支える力】が挙げられている。特に一般従業員の役割の重要性が強調されている。ICF でいえば，「e325 知人，仲間，同僚，隣人，コミュニティの成員・e425 その態度」および「e330 権威を持つ立場にある人々・e430 その態度」が当てはまるだろう。

　一般従業員に求められる能力として，①知的障害者の共通的特徴の理解，②作業環境と手順の設定，③数への対応，④個別的特徴の理解，⑤職場生活の中での配慮（本人の心情に共感しながら肯定的に接する），⑥適職の設定，と整理されている。一般従業員のサポートのあり方については，他の先行研究および調査も含め詳細は整理していくが，「知的障害者にとっての適職とは，良い一般従業員のいるところ」と締めくくっているように，職場でともに働き，直接的な支援を担っている人の役割の重要性が強調されている。

　以上のような職場の生活構造も重要なアセスメント項目になる。「生活体系の構造的要因」のうち，「社会体系【役割構造】の『仕事での役割』」および「社会体系【社会関係】の『職場内人間関係』」が関連してくる。

第3の条件【家庭の支える力】

　知的障害者は職場での生活と家庭での生活を切り離して，要領よく生活していくことは苦手なため，家庭でのトラブルを職場の中にそのまま持ち込んでしまうことがある。それゆえに家庭での安定が重要である。また，親の職業観や

態度に影響されやすい。「この仕事，この職場が本当にわが子にとって必要である」と親が強く意識した時，子どもは親の期待に応えようとして大きく伸びていくが，逆に子どもが働くことに親が非協力的な場合は，そのことがストレートに伝わり就労継続を阻害することにもなりうる。さらには小さい頃からの基礎的な生活力や社会性を厳しく教育する姿勢の重要性にも触れている。

アセスメントにおいては，ICFの環境因子である「e310家族・e410家族の態度」「e315親族・e415親族の態度」を押さえる必要がある。

第4の条件【地域の支える力】

知的障害者の日常生活を支えるポイントとして，以下の10点を挙げている。

① 食事，入浴，清潔，服装等の日常のこと
② 服薬，通院等の健康管理や病気のこと
③ 給料の使い方，買い物，貯金，年金や手当の申請等の金銭管理のこと
④ ガス，コンロ，ストーブ，瞬間湯沸器等の火の始末のこと
⑤ お酒，たばこのこと
⑥ 男女交際，性のこと，時には結婚に至るお世話のこと
⑦ 日曜日や長期休暇の過ごし方のこと
⑧ 友達とのつき合い，近所や町内会の人たちとのつき合いや，行事への参加のこと
⑨ 押し売り，勧誘，サラ金への対応のこと
⑩ 電話，外出，外泊のこと

各項目について，ICFの「活動・参加」「環境因子」との対応を表1-2にまとめた。同表を見ると，【本人の働く力】の中の「健康への感覚」「安全への感覚」「生活習慣」も含めて，知的障害者の就労継続のために必要な活動の中には，「d5セルフケア」に関連する項目が多いことに気づかされる。無論それら全てを自力でできるようになることを求めるのではなく，職場，家庭，地域で支えていくことが重要になってくる。「生活体系の構造的要因」としての「近所・地域」において，本人の周囲にいる地域の人々（「e320友人・e420その態度」「e340対人サービス提供者・e440その態度」「e345よく知らない人・e445その

態度」「e355 保健の専門職・e450 その態度」「e360 その他の専門家」）のサポートも重要なアセスメント項目となる。[5]

　以上が手塚が提唱した，一般就労をしている知的障害者の職業生活を進めるための4つの条件である。最後に，「生活体系の構造的要因」の【生活意識】に関わるポイントで，筆者が重要だと考える実践報告における提言について触れたい。それは序章でも取り上げた，日本理化学工業株式会社の大山泰弘が提唱している働くことの意義としての4つの幸せについてである（大山 2009：2-3）。働く中で，①人に愛されること，②人にほめられること，③人の役に立つこと，④人から必要とされることといった意識を持つことができているかどうかといった点は，欠かすことができない重要なアセスメント項目だと考える。

一般就労している知的障害者の生活構造体系

　表1-2から生活体系の要素を抽出し，整理したのが図1-2である。この枠組みと各項目は調査の際のガイドラインにもなりうるし，アセスメントにも使用可能であると考える。しかし，あくまでも机上の作業により作成されたものなので，ひとまずは試案として提示するにとどめ，今後はより実態に即したものになるよう修正をしていく必要があるだろう。

　なお，生活構造論において，生活と労働の関係については以下のように考えられている。「人びとの生活は，まずもって生きる前提として，生活諸資料獲得のために労働を介し，産業活動にかかわることにより維持・展開してきたのである。つまり基本的に，人間の生命の生産・再生産のあり方にこそ，生活の基底がある。したがって，生活は労働行為を基盤に，みずからおよび家族諸成員の生命の維持・向上を図る基本的営みに基づいている」（岩城 1984：448）と示している。つまり，労働行為は自分や家族の生命の維持・向上を図る基本的な営みであるがゆえに，労働のあり方は生活の基底として位置づけた。知的障害のある人の中には一般就労が難しい人もいる。福祉的就労における工賃の低さを考えると，そのような状況にある人についてはこの考え方は当てはまらないかもしれないが，一般就労をしている人については，生活の基底が労働にあ

第1章 知的障害者の一般就労の現状と生活構造体系

図1-2 一般就労している知的障害者の生活構造体系（試案）

ICFの内，就労している知的障害者の地域生活に関連する生活機能			生活体系の機能的要因
【心身機能】 □b117 知的機能 □b122 全般的な心理社会的機能 □b130 活力と欲動の機能 □b140 注意機能 □b144 記憶機能 □b152 情動機能 □b156 知覚機能 □b160 思考機能 □b164 高次認知機能	【活動・参加】 □d2 一般的な課題と要求 　＝複数課題や日課など □d3 コミュニケーション 　＝メッセージの理解・表出など □d4 運動・移動 　＝歩行や交通機関による □d5 セルフケア 　＝保清，飲食，健康管理など	□d6 家庭生活 　＝物品やサービスの入手，家事，家庭用品の管理など □d7 対人関係 　＝家族，親密な関係など □d8 主要な生活領域 　＝教育，経済的取引，自給 □d9 コミュニティライフ・社会生活市民生活 　＝レクリエーション，レジャー	

【環境因子】			生活体系の構造的要因
□e310家族・e410家族の態度 □e315親族・e415親族の態度 □e320友人・e420友人の態度	□e325知人，仲間，同僚，隣人，コミュニティの成員・e425その態度 □e330権威を持つ立場にある人々・e430その態度	□e340対人サービス提供者・e440その態度 □e345よく知らない人・e445その態度 □e355保健の専門職・e450その態度 □e360その他の専門家	
【社会的背景】 □性別□学歴□婚姻□職業など	【生活意識】 □生活満足度 □生きがい □働く意識・意欲 □「究極の幸せ」①人に愛されること，②人にほめられること，③人の役に立つこと，④人から必要とされること．など （パーソナリティ体系）		
【生活時間】 □労働時間 □自由時間 □将来展望 □生活向上感など	【生活空間】 □住居状況 □通勤状況 □旅行など	【家計状況】 □世帯月収 □支出状況 □貯蓄状況など	【生活手段】 □住居形態 □風呂・便所 □通信手段 □衣食住余暇満足度など	【役割構造】 □家族内役割 □仕事での役割	【社会関係】 □職場内人間関係 □近所・地域 □参画状況	【生活規範】 □普段の心がけ □公衆道徳 □仕事の社会貢献度	【情報ルート】 □新聞 □テレビ
（状況枠）	（物財体系）			（社会体系）		（文化体系）	

注：ICFの枠組みと生活構造論を参考に筆者が枠組みを作成。さらに先行研究に見られる一般就労している知的障害者の地域生活における重要なポイントを枠組みの中にプロットした。アンダーラインの事項は，特に重要と思われるポイントである。
出所：筆者作成。

るという考え方は妥当であるだろう。ただし，序章でも触れたように，労働力の再生産的発想を強調するのではなく，自主性，自由性などを重視した遊戯・自己実現のための労働といった「人間本位の労働」を生活の中で担保していくことも重要である。

注
(1) 実人数ではなく，法定雇用障害者数。
(2) 2011年7月の制度改正（短時間労働者の算入，除外率の引き下げなど）により，改正前と後の実雇用率は単純比較できないが，仮に2011年のデータを改正前の制度に基づいて推計した場合，1.75％程度となり，2010年の1.68％より上昇している。
(3) 「b130 活力と欲動の機能」とは，「個別的なニーズと全体的な目標を首尾一貫して達成させるような，生理的および心理的機序としての全般的精神機能。含まれるもの：活力レベル，動機づけ，食欲に関する機能。渇望（依存を起こす物質への渇望を含む）。衝動の制御」と定義されている。
(4) 「d7 対人関係」の中でも，特に「d720 複雑な対人関係：状況に見合った社会的に適切な方法で，他者と対人関係を維持し調整すること。例えば，感情や衝動の制御，言語的あるいは身体的攻撃性の制御，社会的相互作用の中での自主的な行為，社会的ルールと慣習に従った行為によってそれを行うこと」と合致するだろう。
(5) 「e360 その他の専門家」とは，「保健制度の枠外で動いているが，保健に関連したサービスを提供する，様々なサービスの提供者。例えば，ソーシャルワーカー，教員，建築家，デザイナー」と定義されている。

# 第2章
ソーシャルワーク機能とソーシャルサポート機能

1　機能に着目する理由

　序章でも触れたが，地域を基盤とするソーシャルワークが対象とする諸問題は，複雑化，多様化されてきており，ソーシャルワーカーが単体で問題解決に至るまでかかわるというより，多様な専門職種の人々がかかわり連携をしていくという考え方が主流になってきている。そのような背景の中，ソーシャルワークの考え方もジェネラリストソーシャルワーク理論に結実してきている。多様なニーズに応えるべく，ソーシャルワーク実践に必要な機能・役割が提起されており，ソーシャルワーカーはクライエント・システムの構造分析に従って介入レベルを設定し，それに応じて臨機応変に機能・役割を選定したり，複数の機能・役割を組み合わせながら援助活動を遂行していかなければならない（齋藤　2002）。

　なお，ソーシャルワークの機能に関する先行文献をみると，「機能」と「役割」という言葉の違いが不明確なまま使われている印象が否めない。そもそも両者はどのような意味を持つのかをまず整理したい。「機能」とは「システム全体について設定される目的に対する貢献という観点から見た，要素や下位システムなどシステムの諸部分の作用」（森岡ら 1993）を指し，「役割」とは「現実の社会生活において，人々をその仕事や資格や責任に従って分類わけをし，そのような区分された人々によって，遂行されている，ないしは遂行すべき『働き』や『役目』」を指している。ここから読み取れる両者の違いとしては，

「機能」は「作用」という言葉で表されているように，より抽象度が高い概念であり，一方，「役割」はより具体的，現実的に人々が果たす「働き」を示す概念である。したがってソーシャルワークの「機能」といった場合には，具体的な場面において誰がその役割を担うかどうかは別として，ソーシャルワークシステムの目的に照らして果たすべき機能を総括的に示した諸概念と捉えるべきである。それゆえにその機能を具体的に誰が役割として果たすかは別の議論となることをまず明確にしておきたい。言い換えると，ソーシャルワークの機能として提起されていても，ケースや場面によっては必ずしも「ソーシャルワーカー」と位置づけられる人がその役割を果たすとはいえないわけである。

　本書のテーマに関係してくる人は，クライエントとソーシャルワーカーだけではない。むしろクライエントの周囲に存在する企業の人々がインフォーマルサポーターとして重要な位置づけを占めてくる。一般就労している知的障害者が抱える労働と生活に関する問題に対して，誰が，どのように支えていくのか。このテーマを論じる際にまず押さえておく必要がある要素としては，サポート機能がどのようにあるべきかという機能論であると考える。そう考える要因のひとつとしては，一般就労の現場の混沌とした状況が挙げられる。実際のサポートの担い手は様々であり，この役割は企業の特定の立場の人が担い，別の役割は就労支援センターのソーシャルワーカーが担うといったように，はっきりと役割を線引きすることが実際には困難な状況にある。そのような現状において，議論を役割に限定してしまうと非常に狭い，偏った論になる危険性が考えられる。それよりもまず，労働と生活の問題を抱える人のニーズに対してどのようなサポートが必要なのかといった視点が必要であり，その際には機能論が有効になると考えられる。

　サポート機能の議論に必要な要素としてさらに付け加えると，ソーシャルワークの機能だけでなく，ソーシャルサポートの機能も押さえておく必要がある。これもまた現場の現状をみたがゆえであるが，企業の人々のサポートは実際に行われており，それはソーシャルワークの機能というよりもソーシャルサポートの機能として位置づけられる。役割論まで限定することは無理が出てく

る危険性が考えられるが，ソーシャルサポートの議論は押さえておきたい。本章ではそのうえで，ソーシャルワークの機能とソーシャルサポートの機能を整理して，議論の枠組みを明確にしていこうと思う。

2　ソーシャルワーク機能に関する先行研究

ソーシャルワーク機能に関しては様々な論者が提起している。山辺（2011）は岡村重夫，ピンカスとミナハン，ジャーメインら，奥田いさよの提起したソーシャルワーク機能を整理し，「主に環境へ働きかける活動に関連する機能」と「主に人の能力や生活そのものに働きかける活動に関連する機能」への分類を試みている。同研究やその他大橋（2008）のコミュニティソーシャルワーク機能，全米ソーシャルワーク協会を踏まえてより詳細に分類したのが，表2－1である。最終的にソーシャルワーク機能については大きく7つの機能に分類し，また同時にソーシャルサポート機能との関係を表した。以下それぞれの詳細について触れるが，本書のテーマに関連する「評価的機能」「調整的機能」「教育的機能」「代弁機能」，さらにはそれぞれの機能を統合する「ケアマネジメント機能」について論ずる。

評価的機能

岡村（1983：118-119）は評価的機能を以下のように説明している。なおその際には問題解決の主役は生活困難の当事者でありそれゆえに評価課程における本人参加を強調している。

① 決定的な生活困難を同定：訴えられる生活困難はどのような社会関係の困難を含むか分析し，どの社会関係のどの側面における困難が決定的意味を持つのかを明らかにする。

② 二次，三次的な困難の同定：その困難の影響を受けて，どのような二次的，三次的な困難があるかをも明らかにする。

③ 重点問題の見出し：その結果最も重点的に取り組まねばならない社会

表2-1 ソーシャルサポート機能およびソーシャル

渡部のソーシャルサポート機能		まとめ	岡村重夫	ピンカスとミナハン	ジャーメインら
① 自己評価サポート＝「情緒サポート」「評価サポート」「ベンチレーション（換気）」	⇔	①評価的機能	(1)評価的機能		
② 地位のサポート ④ 道具的サポート	⇔	②調整的機能	(2)調整的機能1) (3)送致的機能2)	②人々と資源システムを最初に結びつける ③④相互作用の促進，関係の修正，構築	④仲介者（mediator）3)
① 自己評価サポート ③ 情報のサポート ⑥ モチベーションのサポート	⇔	③教育的機能		①強化（コンピテンス・ワーカビリティ）	④イネーブラー4) ⑤ファシリテーター ⑥教師
【ソーシャルワーク機能の独自領域】		④代弁機能			①代弁者（advocate）
		⑤保護的機能	(5)保護的機能	⑥物質的資源を分配（給付）	
		⑥組織・管理的機能		⑦社会統制を担う	③組織者（organaizer）
		⑦開発的機能	(4)開発的機能	③④相互作用の促進，関係の修正，構築 ⑤社会政策の発展と修正に貢献	
⑤社会的コンパニオン 【ソーシャルサポート機能の独自領域】					

注：1）社会関係の矛盾の解決を図る機能。
　　2）欠損した社会関係を回復させるか，あるいはそれに代わる新しい社会関係を見出すように援助する機
　　3）クライエントと社会システムを，より現実的で合理的な方法で結びつけるというソーシャルワークのつもの」（山辺 2011）。
　　4）生活の交互作用の中で生じてくるストレスに対応できるよう人々の動機づけを促進し，支援し，強化持の定時，交互作用パターンの認識，関心の正当化，強さの確認，希望の示唆，アンビバレントな感情（山辺 2011）。
　　5）個人が自分の生活課題の解決や自立生活の実現に向けて自主的，意欲的に取り組んでいけるように側
出所：筆者作成。

第**2**章　ソーシャルワーク機能とソーシャルサポート機能

ワーク機能の整理

ワーク機能				
ジェネラルSW		大橋のCSW	NASW	
(5)-2 ケースマネージャー	(1) 相談援助者	③自己実現型ケア方針の立案機能 ②相談支援機能	①アウトリーチ型のニーズキャッチ機能	①人々の問題解決能力等の強化【人々】 ②人々と資源等を結びつける【人と制度】
			⑥ネットワーク構築及び総合的サービスコーディネート機能	
	(4)-1 仲介者（Broker） (4)-2 調停者（Mediator）			
	(2)-1 支援者（enabler）機能5) (5)-3 エデュケーター		④エンパワメントを促し継続的に支援する機能	
(2)-2 弁護者（Advocator）機能				
(3)-2 保護者（Guardian）機能				
(3)-1 管理者（Manager）機能 (5)-1 ネットワーカー		⑥ネットワーク構築及び総合的サービスコーディネート機能 ⑦ピアカウンセリング組織化機能 ⑨地域トータルケア推進のためのソーシャルアドミニストレーション機能	③制度の効果的かつ人道的な運営促進【制度】	
		⑤インフォーマルケアや新しいサービスの開発機能 ⑧フォーマルケア確立機能 ⑩地域福祉計画策定機能	④社会政策を発展させ改善する【政策】	

能。
役割を表している。それは「調停，説得，交渉などの技術を用いて行うもの」「調整的機能と概念的な重なりをも

するという課題を達成する役割である。そのために感情の表出・確認・調整，苦しみの表れへの応答，正当な支
や抵抗の軽減，対処の努力への報酬，問題の部分化，ソーシャルワーク活動の焦点の維持などの技術を用いる。

面的に「支援」する（太田・秋山 2005：165）。

関係の困難と，その困難の解決のために働きかけるべき関係者，関係機関，および対象者自身の問題点を見出す。
④　解決策立案および手順の検討：問題当事者（個人，家族，地域社会，集団，生活関連施策の機関と所属専門家）の能力，生活条件その他の社会的状況および援助のために働きかけるべき関係者，機関，団体の能力条件から見て，最も可能性の高い解決策を立て，また計画実施の手順を考える。

岡村の説明では，評価的機能は解決策の立案および手順の検討まで含まれており，これはいわばプランニングも含まれていると解釈すべきだろう。

その他の論者で特徴的なのは大橋（2008）の「アウトリーチ型ニーズキャッチ機能」である。これはコミュニティソーシャルワーク機能の一つとして位置づけられるが，特に"もの言わぬ農民"的体質を有している日本的文化との関わりから，生活上のフェルトニーズ（明確には声に出していないが不安を感じているニーズ）を引き出すための，ソーシャルワークを担う側の積極的なアプローチ（アウトリーチ）が強調されている。

調整的機能

調整的機能とは，個人の持つ多数の社会関係が相互に矛盾することによって起こる生活困難を修復する機能（岡村 1983）である。手順としては，①本人に問題の実態を認識させる。②社会関係の不調和の発生源である関係者（専門分業的生活関連機関，家族，近隣集団，地域社会など）への働きかけである。

ジャーメインらの示す仲介者（mediator）は，クライエントと社会システムをより現実的で合理的な方法で結びつけるという役割であり，調整的機能と概念的な重なりを持つと考えられる。その他は表2-1（前掲）のとおりである。

教育的機能

教育的機能は，調整的機能，開発的機能，代弁機能が主に環境に働きかける活動にかかわる機能であるのに対して，主にクライエントとなる個人，家族，

グループ，地域社会の人々の能力に働きかける活動にかかわる機能である（山辺 2011）。さらにクライエントの問題解決能力や対処能力（コンピテンス，ワーカビリティ），適応能力の向上を図る機能も意味している。

前者の内容としては，適切な認識の仕方を示す，効果的な理解のプロセスを適切に評価し確実な情報を提供する，またアドバイスや提案を提供する，選択と結果を結びつけて考える，望ましい行動をモデリングする，問題解決のための段階を教える，などが挙げられている。

山辺（2011：50-51）は，ジャーメインらが述べている「イネーブラー（可能ならしめる人）」の機能について，以下のように引用し，この機能が教育的機能と密接に関連しており，教育へのレディネスを成立させる役割と位置づけている。「この生活の交互作用の中で生じてくるストレスに対応できるよう人々の動機づけを促進し，支援し，強化するという課題を達成する役割であり，後者の教育的機能に位置づけられる。そのために感情の表出・確認・調整，苦しみの表れへの応答，正当な支持の提示，交互作用パターンの認識，関心の正当化，強さの確認，希望の示唆，アンビバレントな感情や抵抗の軽減，対処の努力への報酬，問題の部分化，ソーシャルワーク活動の焦点の維持などの技術を用いる。」

代弁機能

代弁機能はケースアドボカシーとコーズアドボカシーに分類され，前者は「クライエントがサービス等から拒否されそうになった場合に彼らがサービスを獲得する支援をする支援」であり，後者は「特定のニーズを持つ人々にサービスを拡大する支援」をいう。

残念ながら知的障害者が働いている企業の中で，何らかの人権擁護が必要とされる問題を体験していることも報告されている（白井 2000）。また 2012（平成24）年10月に「障害者虐待の防止，障害者の養護者に対する支援等に関する法律」（障害者虐待防止法）も施行されたこともあり，ますます権利擁護の視点はソーシャルワーク実践において重要なポイントとなってくる。

ケアマネジメント機能

　以上の機能を束ね，総合的・包括的なサービス提供を展開していくための機能として，ケアマネジメント機能が昨今では重視されている。表2-1（前掲）のジェネラルソーシャルワーク理論や大橋のコミュニティソーシャルワーク理論においても明示されているが，「①評価的機能」「②調整的機能」「③教育的機能」「④代弁機能」を含む機能と解釈できる。以下ではケアマネジメントの先行研究について整理するが，その際2つの視点でレビューする。1つめは「予防機能を重視したニーズアセスメント」，2つめは「関係機関とのつながりを前提とした総合的かつ継続的なサービス供給の確保」である。いずれも一般就労している知的障害者の生活も含めた就労継続支援において重要な視点と考え，理論仮説として筆者が設定した。

① **予防機能を重視したニーズアセスメント**

　イギリスの『ケアマネジャー実践ガイド』（イギリス保健省＝1997）では要援護者の「ニーズ優先モデル」が重視されている。しかし，特に知的障害者の場合，自己を表現することや自分で将来を予測することが難しいことも考えられ，ニーズの特定の際細心の注意が必要となる。本書においてはアセスメントの際重視すべきこととして，フェルトニードを引き出すこともさることながら，ノーマティブニードつまり専門家の専門的知見に基づくニーズ判定が重要になると考える。これはただ単に知的な障害やコミュニケーションの困難さをフォローするというだけではなく，ケアマネジメントの展開において予防機能を発揮することをねらいとしている。問題の発生を予防するためには，現在のニーズを捉えるだけでなく，将来起こりうる問題を予測し，その時に生ずるニーズも含めてアセスメントすることが必要だと考える。

　それではどのように将来のニーズを予測し予防機能を果たしていくのか。無論個人個人の将来を完全に予測することは不可能であるし，また個別性の原則からいっても，知的障害のある人をひとくくりにしてすべてを判定することは避けるべきことである。しかし，障害特性ゆえの共通点があることもまた確かである。たとえば，知的障害のある人のライフステージにおける予測可能な危

第2章 ソーシャルワーク機能とソーシャルサポート機能

表2-2 ライフサイクル上の危機と就業・生活支援の機能

歳	危機の誘因	就業生活支援の要素
13	進学	①教育現場・行政との一体的支援
14	中学生活	
15	中学からの進路	②雇用対策（職域確保）
16	（就業・進学・施設・在宅）	
17	自立への要求（芽生え）	③職業教育の拡大
18	職場不適応／事故／離職	④教育組織と地域支援機関の連携
19	異性／結婚	⑤地域生活支援との連携
20		
21	過重労働／就業場所制限	⑥非定型的な危機管理（駆け込み場所）
22		
23	生活上の相談	⑦保護（福祉）施策の利用
24		
28		
30	外出（地域生活／余暇活動）	⑧地域生活支援との連携
35		
40	生涯学習	
45	住居／生活支援（年金等）	⑨緊急一時保護期間の利用
50	両親との死別	⑩人権擁護機関の利用
55	人権擁護（財産管理等）	
60	職業能力の減退（退職）	⑪デイケアセンター・援護施設の利用
70	高齢（地域生活／健康／参加）	

出所：松為信雄（2002）「第Ⅳ部 地域支援ネットワークの構築に向けてのケアマネジメント」日本障害者雇用促進協会『知的障害者の就業と生活を支える地域支援ネットワークの構築に向けて』研究報告書 No.53, 117.

機はある程度先行研究が蓄積されている。松為（2002）は知的障害者のライフステージにおける予測可能な危機（表2-2）への対処を意識したケアマネジメントを提案しているが、こういった既存の知見に基づく危機発生予測モデルをケアマネジメントに組み込むことによって、将来の予測も含めたニーズアセスメントが実施され、ひいては予防機能を備えたケアマネジメントが展開されることが期待される。なお、松為の提案するライフステージに基づく危機発生予測モデルだけでは十分とはいえない。就労継続の危機には様々な要因が考えられ、その要因や関連をより精密に調査・分析しモデルを構築する必要がある。

② 関係機関とのつながりを前提とした総合的かつ継続的なサービス供給の確保

2つめのポイントは，企業も含めた関係機関とのつながりを前提とした総合的かつ継続的なサービス供給の確保である。厚生労働省（2002）が示した「障害者ケアガイドライン」では，障害者のケアマネジメントを展開する際の考慮点のひとつとして，「総合的かつ継続的なサービスの供給を確保する」必要性を挙げており，その実現のためにサービスのモニタリングを重視している。しかし，乖離しがちな労働の場と生活の場を渡り歩いてモニタリングすることは容易なことではない（上村ら 2012）。そこでケアプラン作成の際には2つのことがポイントになると考える。

1つめはケアプラン作成時に労働と生活も含めた目標を設定すること，そして2つめはケアプラン作成の際企業関係者も含めた関係諸機関が参加することである。つまり共通の目標が盛り込まれたケアプランを共同で作成するということが重要である。なぜならば，これにより企業と福祉の垣根を越えた問題意識が共有され，ケアマネジメントの展開における多機関の連携が促進されることが期待できるからである。モニタリングの実施も比較的容易になるであろう。

白井ら（2004）は，就労している知的障害者の生活支援に関して，特に権利侵害を伴うような問題解決困難事例を取り上げ，その解決のためには関係する諸機関が統一見解を持ち協働で支援にあたることが重要であるとし，さらにその実現のためにケアマネジメントにフォーカスを当てている。知的障害者の労働と生活を統合的に支えることを視野に入れた場合，総合的・継続的なサービスを展開する必要があり，そのためには多機関の継続的な連携が必要になる。労働と生活のかけ橋となるようなケアマネジメントがサポートシステム構築の核となると考えられる。

『障害者ケアマネジメント実施マニュアル』の批判的検討

以上の視点を踏まえたうえで『障害者ケアマネジメント実施マニュアル』（身体障害者ケアマネジメント研究会・知的障害者ケアマネジメント研究会 2002）

第2章　ソーシャルワーク機能とソーシャルサポート機能

をレビューする。このマニュアルは1990年代後半から我が国において進められてきたケアマネジメント手法の検討事業の流れをくむものである。

① **予防機能が重視されているか**

　ケースの発見のためにアウトリーチや地域におけるネットワーク形成を強調している点は評価できる。地域に出向いて生活ニーズを発生場所でキャッチするために，日ごろからインフォーマルな資源も含めた地域ネットワークを形成することが予防機能として重要である。就労している知的障害者の場合，以前利用していた福祉機関（授産施設や作業所，就労支援機関など）や当事者団体や家族会，さらにはハローワークや学校などがニーズ発見の場として考えられるだろう。最近では就労支援機関が，就労を実現した卒業生を対象に，日頃のストレスを発散する場として定期的に集まる機会を設けていると見聞きするが，このようなピアサポートの場も重要なニーズ発見の場と位置づけられる。企業に就職した後はとかく支援機関と疎遠になりがちであり，働いている中で発生する様々な問題が企業の中だけでは解決されず，蓄積されていく中で問題が深刻化することもある。そのような事態を招かないようにニーズ発見の場を積極的に作り出していく姿勢が支援者には求められていると考える。なお，地域におけるネットワーク形成については，モニタリング体制の構築にも関連することであり，重要なポイントであるだろう。

　さて，ケアマネジメントの最初のステップとしては，ケアマネジメントを導入するか否かの判断が重要になってくる。マニュアルにおいては導入を判断するポイントとして，以下の検討事項が示されている。

・緊急性の有無：緊急性が高い場合はケアマネジメント導入前に解決する
・課題は単一か複数か：情報提供だけで済むのか，背景が複雑であるのか。後者なら導入を検討
・課題が明確になっているか：不明確である場合，次のアセスメントのステップへ
・セルフマネジメントが可能か：可能な人は早めに終了。難しそうでも希望があればやってみて，その後求めがあれば導入する

マニュアルには明言されていないが，個々のポイントを判断する際に，現在の状況のみを判断材料にするのではなく，将来の危機発生予測も慎重に検討する必要があると考える。たとえば2つ目の「課題は単一が複数か」については，いかに「背景の複雑さ」を想像し見抜くかということが勝負になってくる。その際現状を踏まえて将来どのような危機がどのくらいの確率で発生するか予測できることが望ましい。そしてそのためには知的障害者の就労継続危機に関する予測モデルを明確化し，研修に反映したり，アセスメントシートに反映したりすることが必要になるであろう。なお，マニュアルの「アセスメントのコツ」においても予防的観点については触れられていない。

② 企業も含めた関係機関とのつながりを前提とした総合的かつ継続的なサービス供給の確保について

　マニュアルにおいては「援助目標を考えるポイント」として，以下の点が示されている。
・利用者が生活をどのように変えていきたいのかをイメージして目標を考える。
・その目標を達成するための小目標を考え，優先順位をつけてみる。
・実現可能で，利用者も援助者も元気が出るような（エンパワメントになる）目標を考える。

　書籍の性格上仕方のないことなのかもしれないが，非常に抽象的で一般論的である。就労している知的障害者の場合，援助目標を設定する際には，以下の点が重要になると考える。

A）労働と生活を分断せず，両者を含めた目標設定をする。
B）将来予測される危機も踏まえて目標設定する。
C）企業も含めた関係機関とのつながりを重視し，共同でケアプランを作成する。

　A）については総合的なサービス提供を展開する視点であるが，マニュアルにおいて示されているニーズの領域において，生活や就労に関する領域も含まれているため，この枠組みを意識することが重要になってくる。B）は前項でも触れたように，危機予測モデルを踏まえることが重要である。C）は継続的

なマネジメントを可能にすべく必要であると考える。

3 ソーシャルサポート機能に関する先行研究

ソーシャルサポートについては様々な研究がなされており，その機能についても多様な種類が考えられている。浦（1992：60-61）は，先行研究の共通点を踏まえ，概ね以下のように4つの機能に分類した。
　①直接的な道具的サポート：ストレス処理のための資源を提供したり，問題解決に介入するという形での直接的なサポート
　②間接的な道具的サポート：①についての情報を提供するサポート
　③情緒的サポート：愛情や愛着，親密性のような情緒的な側面への働きかけ
　④評価的サポート：評価やフィードバックのような認知的な側面への働きかけ
また，表2-1（前掲）および表2-3で示したように渡部（1999：51-63）は6つの分類を示している。この機能分類はウィルスの提示したソーシャルサポートの考え方に基づいており，サポート機能の説明だけではなく，その機能を果たすために必要な技術なども非常に具体的に示されており，援用するのに適していると考えられる。

4 ソーシャルワーク機能とソーシャルサポート機能

表2-1の整理からソーシャルワーク機能とソーシャルサポート機能の関係性に関して，以下のような理論仮説を提示したい。
① 両機能の中には互いに共通した要素が存在する機能もあり，両者が相互補完的な連携をすることにより，より効果的なサポートの提供につながる可能性がある
たとえばソーシャルワークの「①評価的機能」「③教育的機能」を果たすためには，ソーシャルサポート機能の「(1)自己評価サポート」が充実しているこ

表 2-3　ソーシャルサポートの機能別 6 分類とそれらのサポートを提供するのに必要な技術

サポート機能別分類名	サポート機能の説明	そのサポートをするのに必要な技術
(1) 自己評価サポート	自分の能力・社会的価値・仕事での能力に疑いを持った時に有効に働く。自分がマイナスに考えていた自己像の側面を打ち明けることで、自分の評価を再度高めることができる	・傾聴　　　　・感情・事実の反射 ・共感　　　　・再保証 ・自己開示　　・非審判的態度の保持
(2) 地位のサポート	自分が何らかの役割を果たしていることで得られるサポート	・相手に役割を与えること ・役割を果たしている相手を認めること
(3) 情報のサポート	問題の本質、問題に関係している資源に関する知識、代替的な行動に至る筋道に関する情報を提供すること	・適切な情報ネットワークを持っていること ・相手のニーズに見合った情報を見つけ出すこと
(4) 道具的サポート	実際的な課題に対する援助の提供	・相手に必要な具体的な援助力を持っていること（例：お金，労働力など）
(5) 社会的コンパニオン	ともにいる，出かけるなどの社会活動のサポート	・コンパニオンとして使える時間の共有 ・相手にとって重荷にならないこと
(6) モチベーションのサポート	根気よく何かを継続したり，解決に向かって進んでいけるようにモチベーションを高めるサポート	・励まし ・努力の結果の予測とその再保証 ・将来への希望を見つけ相手に伝える ・フラストレーションの対処の方法 ・ともに頑張ろうというメッセージの伝達

出所：渡部律子（1999）『高齢者援助における相談面接の理論と実際』医歯薬出版, 63。

とが望ましい。困っている人が自分自身の気持ちを吐き出すように働きかけ，それを傾聴，共感するソーシャルサポートの担い手がいることによって，その人に関する豊富な情報が得られることにより，本人のニーズに即したアセスメントが可能になり，さらにはその人が自分自身を価値ある存在であることを確認できるような教育的機能を発揮することも期待される。教育的機能との関連ではソーシャルサポート機能のうち「(3)情報のサポート」「(6)モチベーション

のサポート」とも共通した要素があると考えられる。

　ソーシャルワーク機能の「②調整的機能」に関しては、ソーシャルサポート機能の「(2)地位のサポート」や「(4)道具的サポート」との関連が強いと考えられる。障害者雇用の場では両サポートを担うのは経営・管理的な役割を担う一般従業員が考えられる。ソーシャルワーク機能を担う人は、そのような立場の人と普段から信頼関係を構築していれば、いざ調整が必要になった時に、より目的に向かって進みやすいといえるであろう。

　以上のように、両機能の中には互いに共通した要素が存在する機能もあり、両者が相互補完的な連携をすることにより、より効果的なサポートの提供につながる可能性があると考えられる。現実的な役割も含め言い換えると、企業の中で普段ソーシャルサポートの担い手となる社員（上司や同僚など）もまた、場合によってはソーシャルワーク機能の担い手として役割を果たしているということもできる。

②　両機能の中には独自の機能も存在する

　表2-1（前掲）をみると、ソーシャルワーク機能に関しては「④代弁機能」「⑤保護的機能」「⑥組織・管理的機能」「⑦開発的機能」が独自の領域と考えることができる。ソーシャルワーク機能はサポートの専門家が担うことが前提とされており、①のような側面もあるものの、あくまでも非常に高度な技術が要求される機能が含まれている。それゆえにインフォーマルな立場のサポーターでは担いにくい機能も多く含まれていると考えることができる。

　逆にソーシャルサポート機能の「⑤社会的コンパニオン」といったサポートは、クライエントにとって身近な存在であるサポートが担いやすく、フォーマルな立場の専門家では担いにくいサポートである。

第3章

知的障害者とともに働く特例子会社の一般従業員はどのような支援をしているのか[1]

1 一般従業員の支援を知る必要性

特例子会社の特徴

知的障害者の一般就労および特例子会社の現状は，第1章で示したとおりである。表1-1および先行研究（岩谷 2009：7-10）から，以下のような特例子会社の特徴をまとめることができる。

・障害のある従業員が多くの割合を占める（障害者数の全労働者数に占める割合について，非特例子会社は1.27％であるが，特例子会社は約68.12％）。[2]
・重度障害者が多い（重度障害者数の全労働者数に占める割合について，非特例子会社は0.44％であるが，特例子会社は34.47％）。
・事業内容は親会社からの受注が大半で，業種としては製造業やサービス業が多い。

一般従業員の役割

筆者は特例子会社で勤務する中で知的障害のある従業員とともに働き，サポートをする役割を担っている障害のない従業員（以下，先行研究に倣い「一般従業員」と記す）[3]による支援のあり方とその困難感[4]に着目してきた。彼らは事業に関連した業務を推進しつつ，障害のある従業員の作業に関する支援，環境調整のみならず，職場外の生活における問題も調整しなければならないこともあり，どのようにかかわっていいのかといった悩みや，どこまでかかわってい

いのかといった迷いなどを抱えることが多く見聞きされる。この点について土師（2007：103-104）は雇用する側の不安（どのような配慮をすべきか，どのような指導方法が必要なのかなど）を明示したうえで，不安を安心に変える就労支援のあり方を論じている。

　知的障害者が継続して働き続けることは容易なことではない。療育手帳の障害等級にかかわらず職業的困難度が高い（伊達木ら　1994：16-17）とされており，特に職場における人間関係のトラブルが離職理由の中で最も高い（神戸市2006：10）。また障害者の上司が必要だと考える環境整備に関する調査（春名ら2002：74）では「職場内の人間関係」に関する環境整備（社会的ルールの指導や対話・声かけ，管理職や職員に対する啓蒙など）の必要性が他の障害と比較して高いことが示された。以上のことからも職場でともに働く一般従業員の役割の重要性が認識できる。

　一般従業員による支援に関連する先行研究としてナチュラルサポート[5]に関する研究が存在し，職場における一般従業員による支援の有効性が指摘されている。陳（2004：68-80）は，キーパーソンの重要性に焦点をあてて，就労継続の要因として，支援者側の「アタッチメント」と被支援者側の「コンピテンス」との相互作用を指摘した。若林（2008：98）は，企業の一般従業員が障害者を受け入れていく過程を分析し，問題解決や戦力化が実現されていく中で，障害者に対する認識は未知のものから，かかわるべきもの，なくてはならない存在へと変化し，サポートの良好な循環が形成，定着に至ると示した。青木（2008：38-49）は，障害のある従業員の職務能力の向上において一般従業員が果たす役割を事例により分析し，スキルの獲得支援のみならずより応用的な能力（コンピテンシー）の向上に向けた支援の重要性を示した。しかしいずれの研究もサンプル数が少なく，かつ比較的成功している事例を調査対象としている。成功事例から学ぶことは重要ではあるが，そうでない事象にも目を向ける必要があるのではないか。知的障害のある従業員とともに働く一般従業員はサポートをせざるを得ない中で試行錯誤的に役割を担っており，企業の論理と福祉的な論理の中で様々な葛藤を抱えているのではないか。迷いや悩みといった

第3章　知的障害者とともに働く特例子会社の一般従業員はどのような支援をしているのか

困難感が支援者にとっての「好ましくない経験」となることが推測できるが，「好ましくない経験」は支援行動の抑制要因になりうる（高木 1998：110-112）。そういった抑制要因に着目することなく理想的な実践を論ずるだけでは議論は十分とはいえない。

そこで本章の調査では，知的障害者が雇用されている特例子会社の一般従業員の支援の実態，および支援する際の困難感の構造を明らかにすることを目的とする。さらにそれを踏まえて困難感の軽減策を検討する。支援の抑制要因となりうる困難感に着目することにより，企業における知的障害者の就労継続支援のあり方を検討する際の一資料となることが期待される。

2　調査・分析の方法

調査対象および手続き

本章の調査では，首都圏にある知的障害者を雇用している特例子会社 11 社の協力を得た。困難感を調査するということは組織の内情に深くかかわることであり，調査協力が得られにくいことが想定されたので，少しでも前向きに調査に協力してもらえる会社であることを重視し，筆者が特例子会社で勤務している中で比較的身近な会社を中心に依頼した。各社の担当者に依頼する際に，調査対象者について「一般従業員のうち，業務遂行上，知的障害のある従業員に対して直接的なサポートをする役割を担われている人」と説明（依頼状にも明記）し，人選，質問紙の配布および回収を依頼した。一部の会社については筆者が訪問して，調査対象者に対して調査概要の説明，協力依頼を行った（調査期間：2010 年 4 〜 5 月）。

なお，倫理的な配慮として，以下のことを行った。
① 各社および調査協力者への説明文に以下のことを明記した。
・得られた情報はこの調査のみで使用すること
・個人や会社が特定できないようにすること。なお回答は無記名式にした
・協力の自由および非協力による不利益が生じないこと

② 協力者からの同意書を得た。
③ 他者に見られないよう封ができる封筒を渡し，質問紙回収の際の秘密の保持に配慮した。

調査方法と分析方法
質問紙法により以下の項目の回答を求めた。
① 基本属性
② 障害のある従業員への支援についての役割認識および支援経験
③ 知的障害のある従業員とともに働く際の困難感

①は就業形態，障害者雇用関連の資格，性別，年齢，勤続年数などの回答を求めた。②は支援の実態を明らかにする目的で設定した。質問紙作成の際『平成21年版障害者職業生活相談員資格認定講習・障害者雇用推進者講習テキスト』（高齢・障害者雇用支援機構 2009：129-133．以下，『講習テキスト』と記す）の中の，知的障害者の「雇用開始に際しての配慮事項」および「知的障害者の雇用継続のために」の記載を参考にして，26項目の支援事項を抽出した（表3-1）。同テキストに書かれている知的障害者への支援事項は，作業や職場生活に関する直接支援についてだけでなく，職場や会社全体にかかわる環境設定の問題や，生活面にもかかわる対応など，他のマニュアルやガイドラインと比較して全体を網羅して記載されているため，支援事項の整理に適していると考えた。質問紙においては26項目について，「自分の役割だと思うか」を「はい」「いいえ」で，「支援経験の有無」について「あり」「なし」で回答を求めた。困難感については，困難感にフォーカスした自由記述回答形式で，障害のある従業員とともに働き，かかわる際に「困っていること，悩んでいること」を最大3点選んでもらい回答を求めた。

困難感に関する自由記述の分析については，佐藤（2010）の質的データ分析法を参考にした。具体的なプロセスとしては，文脈に注意しながら意味のまとまり（文書セグメント）ごとにコードをつけ（オープンコーディング），さらに類似のコードをまとめてより抽象的・概念的なコードを割り当てた（焦点的コー

第**3**章　知的障害者とともに働く特例子会社の一般従業員はどのような支援をしているのか

表3-1　26項目の支援事項

タイトル	内　容
問1　伝達方法の工夫	障害のある社員がよく理解できるよう，作業指示や伝達方法を配慮する（例：簡潔で具体的な表現／やってみせて，次に本人にやらせて理解を確かめる／絵や図を使ったり，メモを渡したり，視覚に訴える工夫をする。／数字や文字が苦手な人のための工夫）
問2　作業条件の検討	個々の障害のある社員の力を発揮しやすい作業条件（単独作業，グループ作業，ライン作業，他の従業員との相性，組み合わせなど）について検討する
問3　作業能力評価	障害のある社員の仕事ぶりから，作業の習熟度や適性，興味などを評価する
問4　成果をほめる	成果をほめる
問5　職場生活指導	特定の障害のある社員の指導担当者として，職場への適応に向けた基礎的な職場生活指導をする（服装，あいさつ，返事，報告，連絡などについて）
問6　通勤支援	通勤方法確立のための検討（必要に応じて，実地練習や家族と協議）
問7　表情や作業の注視	障害のある社員の心身の変調に気づくように，表情や受け答え，作業ぶりを注視する
問8　相談にのる	障害のある社員の抱える問題について日ごろから相談にのる
問9　気持ちの代弁・仲立	障害のある社員の気持ちやいいたいことを汲み取って他の従業員に伝える仲立ちをする
問10　職場内人間関係調整	職場においてコミュニケーションがうまく取れるように，休憩時間も含め，人間関係の配慮・調整をする
問11　職場外人間関係調整	同じく，アフターファイブにおける人間関係の配慮・調整
問12　役割付与	役割を与える（後輩指導や○○係など）
問13　作業変更・配置転換	作業変更や配置転換の検討
問14　定着チームへの参加	障害のある社員の能力開発や定着にかかわる問題を検討するチームに参加する
問15　職務内容の工夫	単純反復作業以外の作業に取り組めるように職務内容を工夫する（例：機械の導入による作業工程の単純化／作業工程の細分化／道具の工夫）
問16　事故防止（物理的）	事故防止のための物理的な環境整備（例：危険箇所の改善／機械に緊急停止ボタンの設置／避難経路の確保）
問17　事故防止（人的）	事故防止のための人的な体制整備や安全教育
問18　給料使い方指導	給料を計画的に使えるように指導する（金銭トラブルの防止）
問19　給料本人管理指導	さらに本人が給料を管理する方向へ指導する
問20　職場外生活の支援	アフターファイブや休日の過ごし方の指導（必要に応じて，家庭や関係機関と協力）
問21　余暇活動の支援	社内や地域における余暇活動を促す
問22　家庭との随時連絡	無断欠勤，仕事に集中しない，体の不調などの際に，原因を確かめて対策を立てるために，家庭と十分に連絡をとる
問23　家庭との継続的連絡	連絡ノートや保護者の集まりなど，家庭との継続的な連携を保つ工夫をする
問24　外部支援機関の利用	専門的な助言を得るためにジョブコーチなど，外部支援機関を利用する
問25　家族仲介機関の利用	家族との関係作りにおいて，学校，援護施設，障害者職業センターなどの支援機関の協力を得る
問26　地域との関係維持	地域の専門機関や社会資源とのネットワーク作りや関係維持

出所：高齢・障害者雇用支援機構（2009）『平成21年版障害者職業生活相談員資格認定講習・障害者雇用推進者講習テキスト』高齢・障害者雇用支援機構，129-133，より筆者作成。

ディング)。そのうえで，困難感とその他の要素（基本属性や26項目の支援事項など）も含めた「事例ーコードマトリックス」を作成し，継続的比較法により分析し，困難感の構造を分析した。また支援実態と困難感との関連を明らかにするために，困難感の記述をセグメントに分け，各セグメントが26項目のどの支援事項と関連が強いか分析したうえで分類した。

3　調査の結果

調査対象者の特徴と支援実態について

まず11社に共通する特徴は以下のとおりである。
- 障害者数の全労働者数に占める割合が4割〜7割である
- 重度認定されている障害のある従業員が3割〜7割を占めている
- 事業内容は，親会社の施設の清掃や業務の補助といったサービス業である
- 一般従業員が3名前後の障害のある従業員とチームを組み，指導をしながら業務を推進する体制が組まれている。基本的に障害のない人が指導的な立場になる

依頼した61名すべてから調査票を回収した。基本属性は表3-2のとおりで，そのほかに特筆すべきは，平均年齢52.8歳（男性53.7歳，女性53.1歳），社会福祉士等福祉関連資格取得者はいなかった点が挙げられる。

26項目ごとの回答状況は図3-1のとおりである。職場外支援の項目（問6, 問11および問18以降）は役割認識，支援経験ともに「あり」の回答が少ないことがわかる。

調査対象者の属性と役割認識，支援経験の関連（表3-2）では以下の点が特徴として挙げられる。
- 26項目中69.3％以上で「役割認識あり」と回答した「役割認識高群」に属する人数が有意に高かった属性は男性と管理職であり，逆に女性は有意に低かった
- 26項目中55.0％以上で「支援経験あり」と回答した「支援経験高群」に属

第3章　知的障害者とともに働く特例子会社の一般従業員はどのような支援をしているのか

表3-2　調査対象者の属性と役割認識、支援経験の関連

(人)

		役割群 (N=61)[1]					経験群 (N=61)[1]				
		役割低群：あり回答46.2%以下	役割中群：あり回答46.2%超69.3%未満	役割高群：あり回答69.3%以上	合計	χ^2[2]	経験低群：あり回答27%以下	経験中群：あり回答27%超55%未満	経験高群：あり回答55%以上	合計	χ^2[2]
性別[3]	男性	5	4	13	22		3	8	11	22	
	女性	16	14	7	37		14	13	10	37	
役職分類	管理職	0	1	6	7	**	0	1	6	7	*
	非管理職	22	17	15	54	**	18	20	16	54	
就業形態	正社員	7	9	3	19		9	5	5	19	
	契約社員	8	3	7	18		3	7	8	18	
	出向社員	1	3	6	10		1	3	6	10	
	嘱託社員	4	2	4	10		3	4	3	10	
	パートタイム	1	1	0	2		1	1	0	2	
	派遣労働者	1	0	0	1		1	0	0	1	
	その他	0	0	1	1		1	0	0	1	
資格別群[4]	I群	11	4	9	24		10	9	5	24	
	II群	5	9	8	22		2	9	11	22	*
	III群	5	4	4	13		6	2	5	13	
年齢区分	30歳代	4	2	2	4		1		3	4	
	40歳代	4	8	5	17		5	6	6	17	
	50歳代	9	5	6	20		9	7	4	20	
	60歳以上	9	3	8	20		4	7	9	20	
勤続区分	2年未満	10	8	7	25		5	14	6	25	
	2年以上4年未満	5	4	8	17		6	3	8	17	
	4年以上	7	6	6	19		7	4	8	19	

注：1) 3群の分類方法は、あり回答の人数分布を均等に3等分したものである。
2) *：$p < 0.05$　**：$p < 0.01$
3) 性別不明の2名を除いたうえで検定にかけた。
4) I群：資格なし群、II群：障害者職業生活指導員のみ取得群、III群：第2号職場適応援助者（ジョブコーチ）取得群。資格取得状況不明の2名を除いたうえで検定にかけた。

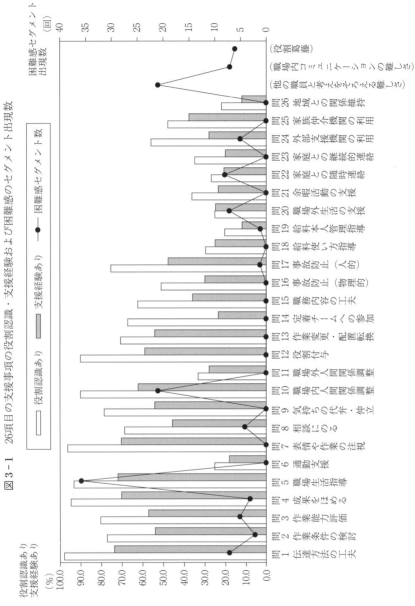

図3-1 26項目の支援事項の役割認識・支援経験および困難感のセグメント出現数

する人数が有意に高かった属性は管理職であった。資格取得状況でも有意差が認められ,「資格なし群（Ⅰ群）」は経験ありの回答が低い傾向がみられ,「障害者職業生活相談員のみ取得群（Ⅱ群）」は経験ありの回答が高い傾向がみられた

属性と26項目の支援事項全体との関連は以上のような傾向がわかったが,次に, 個々の支援事項について一般従業員の属性との関連を事項においてより詳細に分析する。

一般従業員の属性と支援実態の構造的把握

前項で26項目の支援事項に関する役割認識と支援経験との関連において有意な差がみられた属性は, 性別, 役職分類（管理職か非管理職か）, 資格別群（Ⅰ群：資格なし群, Ⅱ群：障害者職業生活相談員のみ取得群, Ⅲ群：第2号職場適応援助者（ジョブコーチ）取得群）であった。これらの属性と26項目の支援事項（いずれもアイテムカテゴリー型データ）をより詳細に分析するため, 多重コレスポンデンス分析を実施した。コレスポンデンス分析とは, クロス集計表の表頭と表側のそれぞれの項目で, 集計の結果が相対的に似通っているものが近い値になるように数値化する手法である。各項目がマッピングされた散布図において, 近くに位置しているものは, 相対的に関連が強いということを示す。

① **支援経験の有無との関連**

26項目の支援経験の有無と各属性を2次元の図にプロットしたのが図3-2である。この図から以下の2つの傾向が読み取れる（図3-2の点線の枠参照）。

(1)〔管理職〕〔男性〕は,〔問6　通勤支援〕〔問11　職場外人間関係調整〕〔問14　定着チームへの参加〕〔問16　事故防止（物理的）〕〔問18　給料使い方指導〕〔問19　給料本人管理指導〕〔問20　職場外生活の支援〕〔問21　余暇活動の支援〕〔問22　家庭との随時連絡〕〔問23　家庭との継続的連絡〕〔問25　家族仲介機関の利用〕〔問26　地域との関係維持〕の支援経験がある。

(2)〔非管理職〕〔女性〕〔資格なし〕の人は〔問6　通勤支援〕〔問8　相談にのる〕〔問11　職場外人間関係調整〕〔問12　役割付与〕〔問13　作業変

図 3 - 2　26項目の支援事項の経験の有無と属性との関連

カテゴリ ポイントの結合プロット

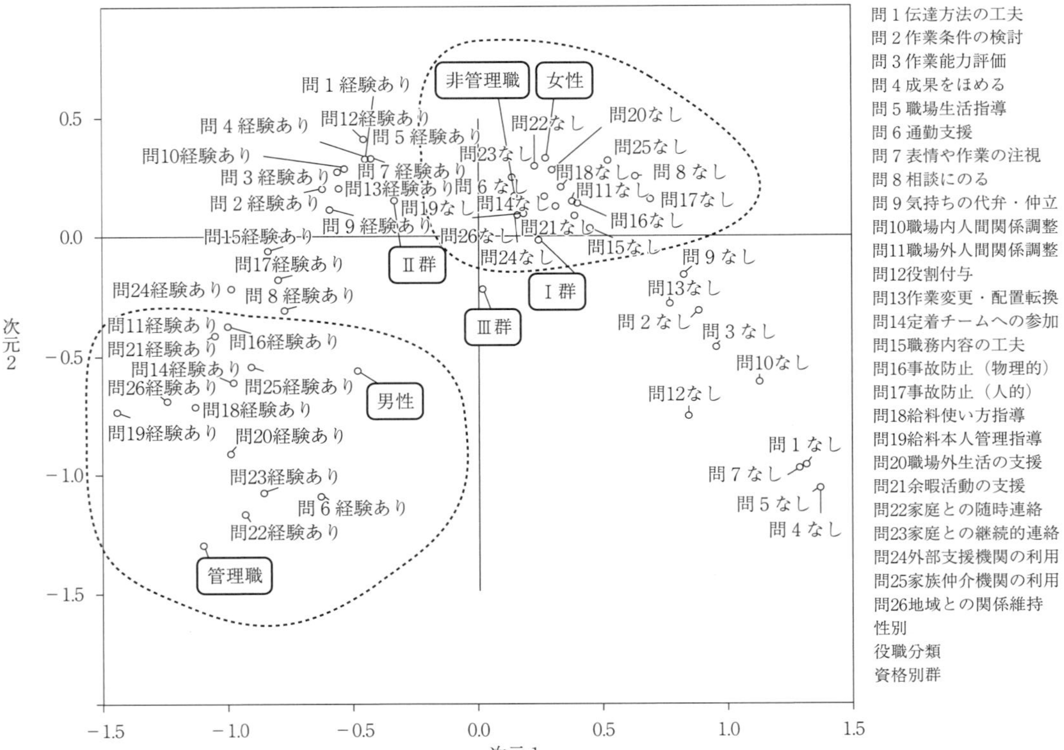
次元 1
次元 2
0.5
0.0
−0.5
−1.0
−1.5
1.0
1.5
非管理職
女性
男性
管理職
Ⅰ群
Ⅱ群
Ⅲ群
問 1 経験あり
問12経験あり
問 4 経験あり
問 5 経験あり
問10経験あり
問 3 経験あり
問 7 経験あり
問13経験あり
問 2 経験あり
問 9 経験あり
問15経験あり
問17経験あり
問24経験あり
問 8 経験あり
問11経験あり
問21経験あり
問16経験あり
問14経験あり
問26経験あり
問25経験あり
問18経験あり
問19経験あり
問20経験あり
問23経験あり
問 6 経験あり
問22経験あり
問22なし
問20なし
問23なし
問25なし
問18なし
問 8 なし
問 6 なし
問11なし
問17なし
問19なし
問14なし
問16なし
問26なし
問21なし
問15なし
問24なし
問 9 なし
問13なし
問 2 なし
問 3 なし
問10なし
問12なし
問 1 なし
問 7 なし
問 5 なし
問 4 なし
問 1 伝達方法の工夫
問 2 作業条件の検討
問 3 作業能力評価
問 4 成果をほめる
問 5 職場生活指導
問 6 通勤支援
問 7 表情や作業の注視
問 8 相談にのる
問 9 気持ちの代弁・仲立
問10職場内人間関係調整
問11職場外人間関係調整
問12役割付与
問13作業変更・配置転換
問14定着チームへの参加
問15職務内容の工夫
問16事故防止（物理的）
問17事故防止（人的）
問18給料使い方指導
問19給料本人管理指導
問20職場外生活の支援
問21余暇活動の支援
問22家庭との随時連絡
問23家庭との継続的連絡
問24外部支援機関の利用
問25家族仲介機関の利用
問26地域との関係維持
性別
役職分類
資格別群

注：点線の枠は，注目すべき関連の近い項目を筆者が囲んだ。

図 3 - 3 の判別測定により，次元 1 は「雇用管理的支援の経験の有無」を表す軸であり，次元 2 は「職場外支援の経験の有無」と解釈で

更・配置転換〕〔問14　定着チームへの参加〕〔問16　事故防止（物理的）〕〔問17　事故防止（人的）〕〔問18　給料使い方指導〕〔問19　給料本人管理指導〕〔問20　職場外生活の支援〕〔問21　余暇活動の支援〕〔問22　家庭との随時連絡〕〔問23　家庭との継続的連絡〕〔問24　外部支援機関の利用〕〔問25　家族仲介機関の利用〕〔問26　地域との関係維持〕に関して「支援経験なし」とする傾向。

特に(1)でみられる支援事項は特に職場外支援事項が多いといえる。(2)については職場外のみならず雇用管理的支援も含まれている。このことから管理職・男性は職場外支援の経験がある傾向があり、逆に非管理職・女性は職場外支援や雇用管理的な支援の経験がない傾向があると考えられる。

次にこの図における2軸（次元1と2）を解釈するために判別測定も示した（図3-3）。このグラフからは各項目が各次元で説明される程度をみることができるが、具体的な見方としては、「次元1の軸の値が高く、次元2の値が低い項目は、次元1で説明される割合が多い。逆に次元2の軸の値が高く、次元1の値が低い項目は、次元2で説明される割合が多い」と解釈する。次元1で説明される割合が多い項目は〔問15　職務内容の工夫〕〔問9　気持ちの代弁・仲立〕〔問24　外部支援機関の利用〕〔問17　事故防止（人的）〕〔問2　作業条件の検討〕〔問13　作業変更・配置転換〕〔問16　事故防止（物理的）〕等である。このことから次元1は「雇用管理的支援の経験の有無」であると考えられる。次元2で説明される割合が多い項目は〔問6　通勤支援〕〔問22　家庭との随時連絡〕〔問23　家庭との継続的連絡〕〔役職分類（管理職か非管理職か）〕〔性別〕であり、このことから次元2は「職場外支援の経験の有無」であると考えられる。

② **役割認識の有無との関連**

次に26項目の支援項目に関する役割経験の有無と各属性を2次元の図にプロットしたのが図3-4である。この図から以下の2つの傾向が読み取れる（図中の点線の枠参照）。

(1)〔管理職〕〔男性〕は、〔問6　通勤支援〕〔問11　職場外人間関係調

図 3-3 図 3-2 の判別測定（2 軸を説明するデータ）判別測定

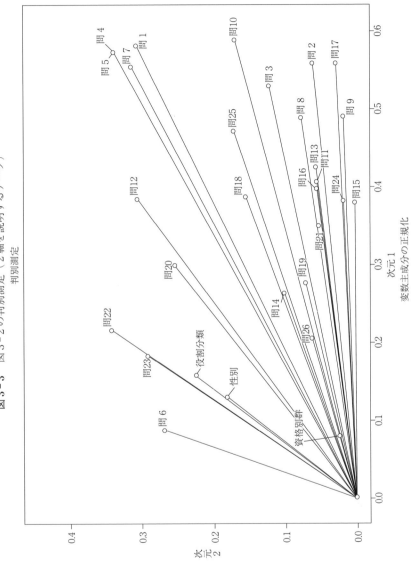

注：問いの具体的内容は図 3-2 を参照。

第**3**章 知的障害者とともに働く特例子会社の一般従業員はどのような支援をしているのか

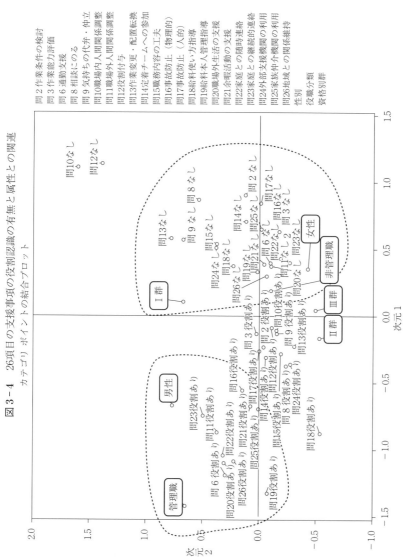

図3-4 26項目の支援事項の役割認識の有無と属性との関連
カテゴリポイントの結合プロット

注：点線の枠は、注目すべき関連の近い項目を筆者が囲んだ。図3-5の判別測定により、次元1は「雇用管理的支援の役割認識の有無」を表す軸と解釈できたが、次元2は解釈困難であった。

整〕〔問16 事故防止（物理的）〕〔問19 給料本人管理指導〕〔問20 職場外生活の支援〕〔問21 余暇活動の支援〕〔問22 家庭との随時連絡〕〔問23 家庭との継続的連絡〕〔問25 家族仲介機関の利用〕〔問26 地域との関係維持〕の役割認識がある。

(2)〔非管理職〕〔女性〕〔資格なし〕の人は〔問2 作業条件の検討〕〔問3 作業能力評価〕〔問8 相談にのる〕〔問6 通勤支援〕〔問9 気持ちの代弁・仲立〕〔問11 職場外人間関係調整〕，さらに問13～26まで「役割認識なし」とする傾向。

特に(1)でみられる支援事項は，職場外支援や雇用管理的支援事項が多いといえる。この点は上述の〔管理職〕〔男性〕の支援経験の傾向と一致する。(2)は26項目中20項目に関して「自分の役割ではない」と答えている。ここで挙がらなかった項目は〔問1 伝達方法の工夫〕〔問4 成果をほめる〕〔問5 職場生活指導〕〔問7 表情や作業の注視〕〔問10 職場内人間関係調整〕〔問12 役割付与〕であり，問10と問12はこの群とは外れたところにプロットされているが，ほかの4つの項目を見ると職場内で非管理職の人でも比較的取り組みやすい項目であることがわかる。

次にこの図における2軸（次元1と2）を解釈するために判別測定も示した（図3-5）。このグラフからは各項目が各次元で説明される程度をみることができるが，具体的な見方としては，「次元1の軸の値が高く，次元2の値が低い項目は，次元1で説明される割合が多い。逆に次元2の軸の値が高く，次元1の値が低い項目は，次元2で説明される割合が多い」と解釈する。次元1で説明される割合が多い項目は〔問2 作業条件の検討〕〔問6 通勤支援〕〔問11 職場外人間関係調整〕〔問14 定着チームへの参加〕〔問16 事故防止（物理的）〕〔問17 事故防止（人的）〕〔問19 給料本人管理指導〕〔問20 職場外生活の支援〕〔問21 余暇活動の支援〕〔問22 家庭との随時連絡〕〔問25 家族仲介機関の利用〕〔問26 地域との関係維持〕である。このことから次元1は「雇用管理的支援の経験の有無」であると考えられる。次元2で説明される割合が多い項目は〔資格別群〕〔問9 気持ちの代弁・仲立〕〔問10

第3章　知的障害者とともに働く特例子会社の一般従業員はどのような支援をしているのか

図3-5　図3-4の判別測定（2軸を説明するデータ）判別測定

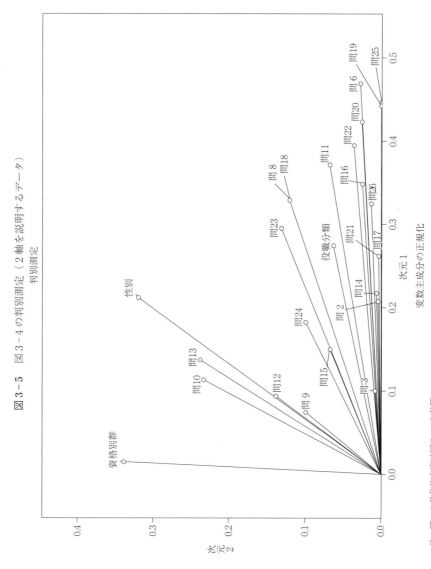

注：問いの具体的内容は図3-4を参照。

職場内人間関係調整〕〔問12　役割付与〕〔問13　作業変更・配置転換〕〔性別〕であった。次元2に着目して図3-4をみると資格別群はⅠ群とⅡ・Ⅲ群が分かれており，また性別もクリアに分かれているが，支援項目からこの2次元の意味を解釈するのは困難である。

③　支援事項に関する一般従業員の意識構造

上記の結果から一般従業員の性別，役職分類（管理職か非管理職か），資格別群といった属性によって支援の経験，役割認識に違いが出たことがわかった。非管理職の女性は経験上職場外支援や雇用管理的な支援の経験がない傾向があり，さらには役割認識としても職場内における作業指導（〔問1　伝達方法の工夫〕〔問4　成果をほめる〕〔問5　職場生活指導〕〔問7　表情や作業の注視〕）に関連した項目に限定される傾向があると考えられる。逆に管理職や男性については職場外の支援や雇用管理的支援に関して支援経験も役割認識もある傾向が明らかになった。

これは一般従業員の意識構造を表していると考える。誰がどのような支援を担うのが望ましいか。よりよい支援を組織として展開する際に，上記のような一般従業員の意識を踏まえて検討する必要があると考える。

支援に伴う困難感

次に支援に伴う困難感を分析した。困難感については54人から自由記述回答が得られた。支援事項ごとの困難感のセグメント出現数は図3-1（前掲）のとおりで，表3-3には困難感がみられた支援項目を「職場内支援」（問2，3，4，5，17），「生活支援（職場外支援）」（問8，19，20，22，24），さらに両者にまたがる「コミュニケーション支援・対人関係支援」（問1，8，10）の3つに分類してそれぞれに対応する困難感カテゴリーを示した。以下に困難感カテゴリーの詳細を記すが，困難感カテゴリーは〔　〕に示す。調査対象者の記述は『　』に示し，記述の中に障害のある社員や一般従業員を表す各社特有の名称が出てきた場合，当該箇所を「〈障害のある従業員〉」「〈一般従業員〉」に置き換えた。

第3章　知的障害者とともに働く特例子会社の一般従業員はどのような支援をしているのか

① 職場内支援の困難感

作業条件の検討（問2）の困難感は少ないが，〔障害特性に対応した職域がない〕といった悩みがみられた。作業能力評価（問3）の困難感は〔成長や改善の可能性の見極めが難しい〕点である。これは『問題行動が障害なのか？性格なのか？　治せるのか？』『能力の範囲，及び成長の期待値』といったアセスメントに関する難しさと，実際に長年働いていても成長がみられないことについての今後の課題設定の悩みである。なお，職場生活指導（問5）に関連しても『身だしなみや，食事の後がきたない人は，障害なのか，家での「しつけ」なのか，困ってしまう』といったコメントがみられた。成果をほめる（問4）の困難感は，もっとほめるべきといった〔周囲との考え方のズレ〕に関するコメントがみられた。

職場生活指導（問5）に関する困難感のコメント数は圧倒的に多く，その種類も様々であった。以下困難感の種類別に記述する。

(1) 〔注意をする難しさ（精神的不安定）（暴力的・反抗的な態度）〕：『体が大きく，思い通りにならないと威嚇する。そのため指示を出しにくく，注意しにくく，指導しにくい。』『作業量が少ない（遅い）〈障害のある従業員〉に作業を急がせると，ストレスで二次障害のおそれもある為，難しいです』といった回答がみられた。そのためどの程度まで注意していいのか迷ったり，注意しきれなかったりすることがある。さらにこのことが原因で〔作業を円滑に進める難しさ〕や〔安全確保の難しさ〕（『路上のごみを拾わずにはいられず危険であるが，注意をするとチック症状がひどくなる』：問17に関連）に波及する。

(2) 〔対応方法がわからない・対応できない〕：講習テキストには「職業人としての基本」つまり「服装，あいさつ，返事，報告，連絡」を身につけることが，同僚と無用の摩擦を避けるためにも必要になるとしている。しかし『自閉傾向が強い人に職場のルール・慣習をどう身につけさせるか』といった障害特性が起因する困難感がみられた。

(3) 〔改善の効果が出ない〕：身だしなみが直らない，社内ルールを守らな

表3-3 支援事項と困難感の対応関係および

支援事項 (26項目のうち, 困難感がみられた項目のみ)			職場内支援								コミュニケ
			問2 検討作業条件の	問17 事故防止(人的)	問3 作業能力評価指導	問4 (問5職場生活指導) 成果をほめる	問5 職場生活指導				問1 伝達方法の工夫	(問5職場生活指導)
困難感			障害特性に応じた職域がない	安全確保の難しさ	成長や改善の可能性の見極めが難しい	周囲との考えのズレ	注意をする難しさ(精神的不安定)	注意をする難しさ(暴力的・反抗的な態度)	作業を円滑に進める難しさ	改善の効果が出ない	コミュニケーションの難しさ	指導方法の不安
		大カテゴリー	1.障害特性への対応の困難感 【●コミュニケーション能力・判断能力の制限, ●自閉的傾向（こだわり,									
属性別困難感セグメント出現数(単位=回)	就業形態	管理職(7)	1		1		1					
		出向・嘱託(非管理職)(14)		1	2		1	2			2	1
		正社員(19)	1		1	1	1	5		4	2	2
		契約社員(17)	1		1	1	2	1	5			1	1
		派遣パート他(4)						2			2	
	現職経験年数	4年以上(19)				2	1	2		3	1	
		2年以上4年未満(17)	2		3		2	5		1		1
		2年未満(25)	1	1	2	1	1	5			2	3
	資格種取得状況	ジョブコーチ(13)	1			1	1	2		3	1	1
		職業生活相談員(22)			3	1	2	1	6	1	2	1
		資格なし(24)	2		1	2		3	4		4	

94

第**3**章　知的障害者とともに働く特例子会社の一般従業員はどのような支援をしているのか

調査対象者の属性との関連

		生活支援（職場外支援）					
ーション支援・対人関係支援							
問10			問8	問19	問20	問22	問24
職場内人間関係調整	(問5職場生活指導)	(問5職場生活指導)	相談にのる	給料本人管理指導	職場外生活の支援	家庭との随時連絡	外部支援機関の利用
対人関係を良好に保つ難しさ	不適切な作業、態度による不快感	対応方法がわからない・対応できない	生活問題の解決が困難	自立支援が困難	生活問題の解決が困難＋改善の効果が出ない	家庭との連携が困難	支援機関との連携が困難	他の職員と考え方をそろえる難しさ	職場内コミュニケーションの難しさ	役割の迷い
---	---	---	---	---	---	---	---	---	---	---
柔軟な思考の欠如】			2．生活問題への対応の困難感					3．考えをそろえる困難感		
3		1	1	1	1	②	3	1	④		1
3		2	1			③	1	1	2		2
⑨	2	1	2	2			1	1	3	1	3
2	2	3			1	2	2		⑩	⑥	
		1							2		
⑥	2	2	④	2		3	①		⑬	1	1
⑦		1	1	1	1	③	4		3	1	2
④	2	3	1			2	④		5	5	3
⑤	2		2				①		8		
⑦				④	④		2		7	2	1
⑤	2		1			2	3	2	4	5	3

い，食生活の乱れが改善されないといった内容であり，さらに指導した際「ハイ，わかりました」と返事はするが改善されないといった記述もいくつかみられた。

(4)〔指導方法の不安〕：『指導していくうえで自分のやり方が本当に「これでいいのか」と不安になることがある』『上司が一貫性がなく，判断に迷う』といった困難感がみられた。

② 生活支援（職場外支援）の困難感

金銭管理に関する給料本人管理指導（問19）に関連して，管理職が休日や家庭での生活状況が把握できないため，金銭管理などの〔自立支援が困難〕とコメントしている。

職場外生活（アフター5，休日）の支援（問20）に関連して〔生活問題の解決が困難＋改善の効果が出ない〕とのコメントがみられた。まず『職場以外のことが業務，人間関係に影響を与える』がゆえに企業としても生活にかかわる問題を無視できない。次に『会社以外の生活面，指導するが，実際は会社の外のこと，はがゆい』というように支援の際には企業からでは生活がみえにくい難しさがみられた。そして，外部支援機関との協働をしてもなかなか〔改善の効果が出ない〕という問題解決の難しさが述べられている。

家庭との連携については，家庭との随時連絡（問22）に関連して〔家庭との連携が困難〕である旨がみられた。家族の協力が不可欠にもかかわらず，協力的でないあるいは依存的，無関心であるために，問題が改善しないということである。また支援機関を仲介するために迅速かつ的確な情報伝達に支障があり困っているというコメントもある。

外部支援機関との連携については外部支援機関の利用（問24）に関連して〔支援機関との連携が困難〕である旨がみられた。『関係機関との密なコミュニケーションがほしい』という要望がある一方で，『家族との連絡に時間がかかる』『改善が進まない』『福祉の人たちにはわかってもらえない』といった不満とも思えるコメントもみられた。

③ コミュニケーション支援・対人関係支援の困難感

第3章　知的障害者とともに働く特例子会社の一般従業員はどのような支援をしているのか

伝達の工夫（問1）に関連した困難感として『何をしたいのか？　どうしてほしいのか？』『どうしたらわかってもらえるか』『心がけても伝わらない』『返事はするがわかっていない』といった〔コミュニケーションの難しさ〕がみられた。なお，職場生活指導（問5）においても『無断欠勤の原因がわからない』『体調不良が自分で伝えられない』といった〔コミュニケーションの難しさ〕がみられた。また，コミュニケーションの難しさに伴い『指示の出し方が悪くて障害者の方が理解していないのかと不安になった』といった〔指導方法の不安〕もみられた。

職場内人間関係調整（問10）の困難感としては〔対人関係を良好に保つ難しさ〕や〔不適切な作業，態度による不快感〕に分けられた。このコメントにおいては回答者自らも人間関係の当事者として，障害のある従業員との人間関係を良好に保ったり信頼関係を得たりすることの難しさがみられた（特に正社員や契約社員。以下，「プロパー社員」と記す）。

相談（問8）を受けても『家庭のトラブル相談を受けたことに対する受け答えができなかった』といった〔生活問題の解決が困難〕，精神面のトラブルへの〔対応方法がわからない・対応できない〕といった困難感がみられた。

④　26項目の支援事項以外の困難感

26項目との関連ではない困難感もみられ，以下の3つに整理した。

(1)〔他の職員と考え方をそろえる難しさ〕

概ねどの立場からもこの困難感がみられた。管理職からは『〈一般従業員〉の指導理念や仕事の教え方，支援の仕方について，個人差があり，是正（補正）指導に苦労している』といった具体的な指導方法をそろえる難しさだけでなく，『みんなが同じ方向を向いていたら，（中略）もう少し真剣にむきあう人がふえたらと思います』といった価値観をそろえる難しさもみられた。特に後者はチームワークの一要素とされている「チームの指向性」[7]の問題と考えられる。資格を取得しているプロパー社員からは，同僚の指導方法，かかわり方，考え方の違いを批判するコメントが多くみられた。具体的には障害のある従業員に深入りしすぎる，構いすぎる，指示を出しすぎるといったことや，叱り方，

ほめ方の違いといった内容である。契約社員のコメントは『自分のやり方は，正しいかどうかわからないが，…（中略）…上司に理解してもらえないことが1番辛い』『上司が（中略）耳を傾けてくれたらこんなに悩まなかった』というように上司の理解が得られない不満がみられる。これらから生じる弊害として，指導方法の不安が生じたり，お互いを尊重しないことによる人間関係の悪化にもつながったりといった危険性がある。

(2)〔職場内コミュニケーションの難しさ〕

立場，考え方の違うスタッフ同士のコミュニケーションを活性化すべきとも考えるが，プロパー社員からこの難しさに関するコメントが示されている。『言える雰囲気でない』『〈一般従業員〉間のコミュニケーションが重要だと言われるが，完全に無視』『上司に言うと，何を言われるかわからないと思い，報告をすることをしなかった』といったコメントがみられた。

(3)〔役割の迷い〕

生活面の支援や家族の問題に触れることにより，管理職は福祉的な役割を会社としてどこまで果たすべきなのかを迷い，非管理職は個別の支援でどこまで入り込んでいいのかを迷っている。役割の適正化を望むコメントもみられた。

困難感と調査対象者の属性との関連について

以上の困難感のコメントを3つの大カテゴリー〔1.障害特性への対応の困難感〕〔2.生活問題への対応の困難感〕〔3.考えをそろえる困難感〕に分類した。1.は主に障害のある従業員の障害特性に起因したトラブル等への対応に関する困難感であり，主に「職場内支援」や「コミュニケーション支援・対人関係支援」に伴ってみられた。なおコメントの中でみられた障害特性としては，主にコミュニケーション能力・判断能力の制限や，固執性の高さや柔軟な思考の欠如といった自閉的傾向がみられた。2.は障害のある従業員の生活問題に起因したトラブルなどへの対応に関する困難感である。そして3.は職場内やチーム内での業務を推進するうえでのそれぞれの考え方をまとめていく困難感である。

次に困難感と調査対象者との属性を明らかにするために，主な属性別に困難感セグメントの出現数をまとめ（表3-3，前掲），さらにコメントに関する上記の分析を踏まえて，図3-6のように整理した。

4 支援の実態からわかった困難感の構造とその軽減等

調査対象者と支援の実態について

調査対象の11社については，障害のある従業員数の割合が高い点，重度障害者が多い点，事業内容がサービス業である点など，冒頭に記した先行研究における特例子会社の一般的な特徴と合致する点が多い。

調査対象者は平均年齢が高く，勤続年数2年未満が4割を占めている。関連した資格取得状況については社会福祉士等福祉関連の資格取得者はいないが，障害者職業生活相談員取得者が3割強，第2号ジョブコーチ取得者が2割強を占めている点から，障害のある社員へのサポートスキルの向上に取り組む企業の姿勢が垣間みられる。26項目の支援事項の役割認識と支援経験をみると，特に職場内における支援について役割認識・支援経験があるとの回答が多い。職場外支援については役割認識・支援経験ともに全体的に少ないが，これは福祉施設ではなく，企業であるがゆえに，従業員の生活までかかわることに様々な考え方や限界があるからだろう。しかし，困難感のコメントにみられるように生活面の問題が職場にも影響を与える中，生活面の支援に関しても試行錯誤で支援をしている現実が推測できる。

実際に職場外の生活面の支援経験については，管理職を中心に「経験あり」の回答がみられた。さらに自分の役割としても認識している傾向がみられた。生活問題への対処が必要であることの裏づけとなっていると考えられる。この点でも序章で触れた「ナチュラルサポート」概念に対しても疑問が生じてくる。先行研究においてナチュラルサポートは職場内の支援に限定されたものであるが，就労継続を支えていくうえでは職場内だけではなく，生活にもかかわる支援を展開する必要があり，さらに上記の意識からもわかるように企業内の一般

図 3-6　調査対象者の属性と困難感の関連

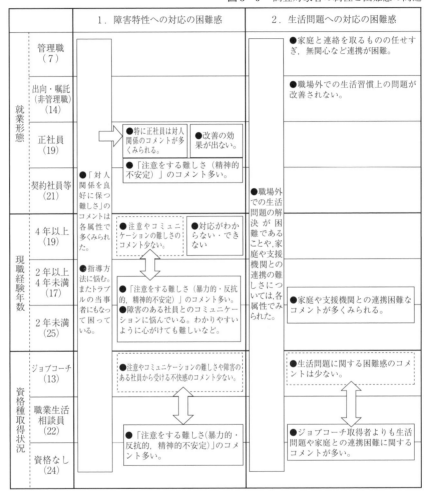

第3章　知的障害者とともに働く特例子会社の一般従業員はどのような支援をしているのか

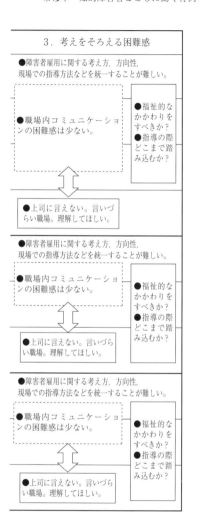

従業員も生活支援に携わることを全面的に否定しているわけではない。生活支援はただ自然発生的に行われるだけで問題解決できるような簡単な支援ではない。そういった意味でも「ナチュラルサポート」という考え方には違和感を持たざるを得ない。やはり企業外のことも視野に入れた「ソーシャルサポート」としてとらえる必要性があると考える。

障害特性への対応の困難感の構造と軽減策

あらゆる属性において〔対人関係を良好に保つ難しさ〕がみられたが（図3-6），これは職場生活指導をする際の〔注意をする難しさ（精神的不安定）（暴力的・反抗的な態度）〕や〔コミュニケーションの難しさ〕とも関連していると考えられる。特に対応が難しい人に対しては，陳（2004）が指摘するように信頼関係ができている人がキーパーソンとなり，一貫した対応をしていく必要があるだろう。信頼関係のできていない人から注意をされても効果が出るどころかかえって〔対人関係を良好に保つ難しさ〕を助長すると考えられる。障害のある従業員が多数いて集団で業務に取り組む職場においては完全な個別対応が難しい事情もあり，さらにそもそも一般的に企業では利潤追求のためあらゆることを効率的に捉えようとする中で個別の対応という発想はなじみにくいかもしれない。しかし，障害者雇用の現場においては，障害の有無にかかわらず各構成員を個人として捉えたうえで，信頼関係の構築を意識してチームを作っていくことも重要だと考える。バイステック（= 2006：33-50）の提唱する援助関係を構築する際の7原則のひとつである「個別化」の原則を取り入れて，きめ細やかな個別対応をしていくことが信頼関係の構築の鍵となると考える。

また知的障害の特性が原因で〔改善の効果が出ない〕〔対応方法がわからない・対応できない〕といった困難感がみられた。これに関しては『講習テキスト』に「教え方の原則」として「繰り返し」が重要だと記載されており，このような原則に立ち返る必要はあるだろう。そのためにも障害者職業生活相談員やジョブコーチの資格取得をはじめとする教育の機会が重要になってくると考えられる。困難感を属性別にみたときに，ジョブコーチ取得者や4年以上勤務

している人については，〔注意をする難しさ〕や〔コミュニケーションの難しさ〕といった困難感が比較的少なかった点からも資格の取得の有効性が推測できる。さらに同テキストに「自閉症の人や学習障害がある人の場合には，専門的な助言に基づくことも必要」とも書かれているように支援機関との協働も重要になってくる。また，作業能力評価（問3）に関して〔成長や改善の可能性の見極めが難しい〕という困難感がみられたが，障害特性や成長可能性をアセスメントすることは非常に専門性の高い高度の技術が要求されるので，これについても支援機関と情報の共有を図り，協働のうえで評価を進めることも有効であろう。

　さらに資格や研修といった教育の機会については，本調査で明らかになった一般従業員の支援実態や意識の構造を踏まえる必要があると考える。非管理職については職場内における作業指導（たとえば，〔問1　伝達方法の工夫〕〔問4　成果をほめる〕〔問5　職場生活指導〕〔問7　表情や作業の注視〕）に携わることがメインになるであろう。そのような人たちにとっては障害のある人とのかかわり方や障害特性，コーチングなどについて学ぶ機会が効果的であると考える。しかし現状においてジョブコーチの資格を取得するためには費用的にも手間的にもハードルが高い。またジョブコーチよりも比較的容易に取得しやすい障害者職業生活相談員については，障害者雇用対策基本方針においてもその資質の向上が提起されている（厚生労働省 2009）。にもかかわらず2日間の資格認定講習の内容は委託先の機関によって様々であるが，筆者が受講経験者（非管理職）から聞いたところでは障害者雇用全般を浅く広く網羅した内容で，かかわり方や障害特性など知りたい内容にはなっていないとのことであった。また，管理職を中心とした生活面や雇用管理的支援についての研修も必要になってくるであろう。障害のある人とともに働き日常的に側にいる人々によるソーシャルサポートの質を向上させるためにも，立場によって異なる支援実態や困難感を踏まえたうえでより効果的な教育の機会を提供していく必要があると考える。

生活問題への対応の困難感の構造と軽減策

　企業就労している知的障害者の抱える問題は「労働に関する問題」と「生活に関する問題」といったように部分に切り離して捉えることは不可能である（中川 2003：51-57）。それゆえに生活にかかわる支援をどこまで企業が担うかという問題が生じる。生活の問題が職場に影響を与えることもあるがゆえに職場を超えた生活支援の必要性は認識されているものの，企業が生活も含めすべてを継続的に把握し自立支援していくのは限界がある。そこで支援機関との協働が必要となってくる。

　しかしコメントの中には支援センターや家庭との連携に関連する困難や，連携してもなかなか問題が解決しない現実もみられる。一般企業に就職した後のフォローアップ体制，つまり知的障害者の労働と生活の統合的支援体制をいかに構築するかは現在の大きな課題となっている（松為 2009：278-285）。今後障害者雇用を安定的に推進していくために，福祉側からの支援のあり方や分野を超えた協働のあり方を探求し充実させていく必要がある。

考えをそろえる困難感の構造と軽減策

　指導方法や価値観について，管理職は非管理職の「是正」をしたいと考える一方で，非管理職側からはお互いの批判や上司が理解してくれない不満がみられた。この〔考えをそろえる困難感〕の軽減についてはチームワークの強化が重要だと考える。チームワークの研究は主に社会心理学において行われており，現状で最も整理されたチームワークの考え方として山口（2009：28-31）が提示したモデルがある。今回の調査においてはこのモデルの要素のうち既述したチームの指向性とコミュニケーションについての困難感がみられた。特にコミュニケーションはチームワークのプロセス全体を支える基盤として重要であるとされている。それぞれの考え方・裁量を尊重しチーム内で交換，確認，共有できれば，ズレの軽減，解消が期待できるだろう。しかし，職場内のコミュニケーションに関する困難感も多数みられ，しかも立場や経験によって温度差がみられる（契約社員や勤続2年未満，資格なしの人から多数コメントがあるが，管

理職や経験の長い人などのコメントが少ない)。まずはコミュニケーションの重要性を改めて見直し、それぞれの考え方を尊重しつつ職場内コミュニケーションの活性化をめざす姿勢が重要であると考える。

〔役割の迷い〕については、役割の適正化が重要だと考える。チームに備わっているべき要素のひとつとして「各メンバーに果たすべき役割が割り振られること」(山口 2009：13)とされていることからも、その重要性が確認できる。障害のある従業員に対する教育・指導だけでなく生活問題への対応など様々な問題が生じる職場ゆえに、どのような立場の人が、どこまでかかわるのか、会社の方針で役割の適正化を図ることが有効であろう。自由記述回答の中に障害のある従業員を指導、教育する人とそれ以外の人をチームの中で適正に分ける旨の提案があったが、傾聴に値する意見であると考える。

基本的にチームで業務に取り組んでいることを鑑みると、チームワークの強化は重要なテーマである。教育や資格取得による個人のスキルの向上を図るとともに、職場において役割を合理的に分担しチームワークを強化していく発想が重要だと考える。

この調査の意義と限界

本調査の意義は以下のとおりである。①調査対象者である一般従業員にとって、自分の困難感を構造的に把握することができ問題解決の糸口になった。②『講習テキスト』およびナチュラルサポートの先行研究に欠如していた「チームワーク視点」の重要性を明らかにした。③一般従業員の教育研修などにおいて実践的に本研究の知見を用いることができる。困難感の構造・軽減策を踏まえた、より効果的な研修を展開できれば、知的障害者を支援する能力とモチベーションの向上につながり、ひいては雇用の発展に貢献することができる。

一方、本調査の限界としては仮説生成的な研究として取り組んだため、本調査で得られた知見は今後より検証される必要がある。サンプルの偏りも否めない。筆者と近い関係にある会社に依頼したため、職場体制や運営方法などが類似している。今回の協力会社とは異なる業種や従業員体制などの会社にも調査

を広げる必要がある。考察の後半は一般従業員の困難感の軽減という視点を中心にアプローチをしたが，特例子会社の一般従業員による支援のあり方を検討する際にはそれだけでは不十分である。困難感を生じさせる様々な背景を踏まえ今後より多角的な視点で検証していく必要があると考える。

本調査からわかったこと

　支援の実態については，一般従業員が様々な困難感を抱えつつ，チームを組んで職場内でのサポートをメインに試行錯誤しながら取り組んでいることが明らかになった。また困難感については①障害特性への対応の困難感，②生活問題への対応の困難感，③考えをそろえる困難感に分類され，一般従業員の属性（就業形態，現職経験年数，資格取得状況）との関連から，立場による困難感の違いや共通点を明らかにすることにより職場内の課題の明確化につながるような知見を得ることができた。さらに困難感の軽減策として，①信頼関係および個別性の重視，②支援機関との協働，③資格の取得など教育の推進，④チームワークの強化を提示した。特に職場内コミュニケーションの活性化や役割の適正化といったチームワークの強化は今までの講習テキストやナチュラルサポートの先行研究ではみられなかったポイントである。以上のことから今後特例子会社における障害のある従業員の支援を検討する際には，どのようなチーム体制，チームワークが望ましいのか，といった視点での研究が必要であることが示唆された。

注
(1) 本章は筆者の修士論文を修正加筆し『社会福祉学』に掲載された論文（上村 2013）にさらに修正加筆したものである。今回加筆した部分は主に85-92頁の「一般従業員の属性と支援実態の構造的把握」とそれに関連した考察である。
(2) 厚生労働省資料（2015）より筆者が算出。表1-1参照。
(3) 先行研究では「対象者である障害者と一緒に働く従業員。対象者と直接接する上司・同僚やその周囲の人も含まれる」と定義している（若林 2008：16）。
(4) 本章では「困難感」の定義を「障害のある従業員とともに働き，かかわる際に『困っ

第3章　知的障害者とともに働く特例子会社の一般従業員はどのような支援をしているのか

ていること，悩んでいること』」とする。
(5) 小川（2000：25-31）はナチュラルサポートの定義を「障害のある人が働いている職場の一般従業員（上司や同僚など）が，職場内において（通勤も含む），障害のある人が働き続けるために必要なさまざまな援助を，自然もしくは計画的に提供することを意味する。これには職務遂行に関わる援助のほかに，昼食や休憩時間の社会的行動に関する援助，対人関係の調整なども含まれる」としている。
(6) 継続的比較法とは，①複数間のコード間の比較，②文書セグメントとコードの比較，③複数の文書セグメント間の比較，④複数の事例間の比較というような様々なタイプの比較を繰り返す中で，データ，コードが表す概念カテゴリー，概念カテゴリー間の関係について入念な分析を行っていく方法である（佐藤2010：112, 117）。
(7) チームの指向性とは，「チーム内の良好な人間関係の維持，目標達成を目指す意気込みや態度」（山口　2009：29）のことである。
(8) 「障害者の雇用の促進等に関する法律」により障害者を5人以上雇用する事業所においては，上記の資格認定講習受講修了者等の中から，障害者の職業生活全般に関する相談・指導を行う障害者職業生活相談員を選任することを義務づけている。具体的には次の事項に関する障害者からの相談を受け，または指導を行う。
・適職の選定，能力の開発向上等，障害者が従事する職務の内容に関すること
・障害の態様に応じた施設・設備の改善等，作業環境の整備に関すること
・労働条件や職場の人間関係など，職業生活に関すること
・余暇活動に関すること
　講習は都道府県雇用開発協会等が委託を受け実施している。

第4章
知的障害者の支援事例から考える就労継続のポイント

1　就労継続支援の事例分析がなぜ必要か

　序章でも触れたように，一般就労した知的障害者は，労働面だけでなく生活面も含めた様々な問題を抱えることもあり，さらにその問題は企業の中と外といったように部分に切り離して捉えることは不可能である。それゆえに生活機能障害を踏まえた，労働と生活の統合的支援が重要となるが，労働と生活を一体的・継続的に支援するシステムの確立はいまだ不十分で，より一層体系的な研究が必要な状況である。

　そのような課題を踏まえ，筆者はまず企業内におけるサポートに着目し，前章で示したように，知的障害者が雇用されている特例子会社の一般従業員によるサポートの実態を調査した。それにより特例子会社の一般従業員が職場内でのサポートをメインにチームを組んで試行錯誤している支援実態が明らかになった。さらに支援する際の困難感として①障害特性への対応の困難感，②生活問題への対応の困難感，③考えをそろえる困難感に分類し，その軽減策を提示した。この調査により特例子会社の一般従業員による支援の実態と困難感についての仮説が生成されたが，序章でも示したように本書の目的は，「知的障害者の就労継続に有効な，企業内のソーシャルサポート機能を核にしたソーシャルワーク協働モデルを実証的に構築すること」である。この目的を達成するためには，実際に就労継続を実現している模範的な事例を丹念に分析することが必要となると考える。前章の量的なアンケート調査ではみえてこない，知的障

害者の就労継続に関する成功事例を対象として丹念に調査・分析することにより，新たな知見を構築していくことをめざす。

そこで，本章における調査研究は，特例子会社で約20年間継続的に就労している知的障害のある社員や，ほぼ同様の期間ともに働いてきた一般従業員へのインタビュー調査を通して，知的障害者が継続的に就労をするための要因を探索的に明らかにすることを目的とする。知的障害者の就労継続に関する成功事例を丹念に分析することにより，就労継続に有効な支援モデルの構築に資することが期待される。

2　調査・分析の方法

調査対象および手続き

本調査の調査対象は，以下のとおりである。

①　障害者雇用におけるグッドプラクティス企業において長期間継続的に就労している知的障害のある社員。

②　当該企業において①の就労継続のサポートをした障害のない社員（管理職，同僚など。以下，「一般従業員」とする。）：ソーシャルサポート機能（インフォーマルサポート）の担い手。

グッドプラクティスの具体的な条件を以下のように設定した。

・厚生労働省をはじめとする公的機関による賞を複数受賞したことがある企業
　（例「障害者雇用職場改善好事例」の最優秀賞・厚生労働大臣賞など）。
・かつ長期間（20年ほど）継続的に就労している知的障害のある社員が存在すること。

特例子会社349社（2012年5月末日現在）の内，創立から20年以上経過し，かつ知的障害のある社員を雇用している企業は27社であった。なお，このようなデータは一般的にリスト化されていないため，各社ホームページや独立行政法人障害・高齢・求職者雇用支援機構の「障害者雇用リファレンスサービス」に掲載されている情報を参考にリストアップした。

第4章　知的障害者の支援事例から考える就労継続のポイント

　27社の内，上記の賞を複数受賞している企業は6社。特に多数受賞している企業は次の3社であった。A社（厚生労働大臣賞1回，優秀賞2回，奨励賞1回），B社（厚生労働大臣賞1回，優秀賞0回，奨励賞2回），C社（厚生労働大臣賞0回，優秀賞6回，奨励賞0回）。

　上記3社の内，調査協力が得られたのはA社のみであった。A社は1992年にグループ会社の用度品（包装紙，事務用品）の発注作業を集約することで，知的障害者の新たな雇用を創出するために立ち上げた部署を前身とし，以来20年にわたって障害者の雇用促進と職域の開発に取り組んでいる。現在はグループ会社で使用する用度品の「管理・出荷業務」や聴覚障害の社員を中心とした商品（時計・宝飾品）の「検品業務」，グループ各社が作成した資料のコピー印刷・発送を行う「印刷サービス」，さらにはグループ社員の名刺作成，機密書類のシュレッダー処理業務も受託するなど，職域を拡げている。こうした取り組みが認められ，上記の賞を受けることにつながった。さらにはASEAN諸国が参加する社会保障関連会議において視察対象になり，また「障害者週間」にちなみ天皇皇后両陛下が視察するなど，その実践は幅広く認められていると位置づけることができる。

　企業責任者からの調査許可が得られたのちに，知的障害のある社員の内，約20年継続して就労している5名，さらには彼らとともに働いた一般従業員3名（うち1名は初代社長Q氏。2名は17年間上記の5名とともに働く中で，指導的役割を担った一般従業員のO氏，P氏）を紹介してもらった。

　調査に対する強制性を回避するため，企業責任者からは紹介してもらうにとどめ，依頼のためのアプローチ，説明，同意の取得についてはすべて筆者が行うなど，倫理的な配慮に努めた。また，特に障害のある社員に対する依頼状および同意書を，平易な表現にするのみならず，口頭での説明を丹念に行った。研究倫理審査は2013年6月の日本社会事業大学倫理委員会において承認を受けている。

表4-1　具体的に起きた問題と解決について

就労継続の危機など	解決方法	その他他者からのサポートは？ ＜相談？（支援機関・職場？） ピアサポート？　組織活動？＞
辞めたいと思った時 （具体的な状況は？）		
働いていて「いやだなぁ」と思う時は？		
生活問題（金銭問題，恋愛問題，家庭・友人問題）が仕事にも影響を与えた時		
（その他インタビューの中で引き出していく）		

調査方法

① 知的障害のある社員に対するインタビュー

以下のようなポイントを明らかにすることを目的に，半構造化インタビューを行った。なお，調査実施日は2013年6月であった。

・長年働き続けられた理由は？
・会社に行くのが楽しみであったか？　その理由は？
・働いていてうれしかったこと
・具体的に起きた問題と解決方法について（表4-1を埋めていく）

② 元一般従業員に対するインタビューおよびフォーカスグループインタビュー

まず創設から深くかかわった元社長（Q氏）に対してインタビューを行った。知的障害のある人を雇用する際の配慮事項や実際に起きた問題，よかった点など多岐にわたるエピソードを聞き取った。

次に初代社長および2名の指導的役割を担った一般従業員（O氏，P氏）の計3名によりフォーカスグループインタビューを行った。総括的なリサーチクエスチョンとしては，①就労継続に有効なソーシャルサポートとは何か？　誰が（立場，役割），なぜそれに取り組むか？　また，②就労継続ができている人

第4章　知的障害者の支援事例から考える就労継続のポイント

表4-2　一般従業員の立場からみえたこと感じたこと

就労継続の危機など	解決方法	その時のサポートは？ <相談？　職場での環境整備？ 家庭や支援機関への連絡？>
作業上の失敗, 職場生活上の問題が発生した時		
当該社員が辞めたいと思った時（具体的な状況は？）		
当該社員が働いていて「いやだなぁ」と思った時は？		
当該社員の生活問題（金銭問題, 恋愛問題, 家庭・友人問題）が仕事にも影響を与えた時		
（その他インタビューの中で引き出していく）		

の特性（生活機能,生活構造）と,サポートとの相互作用は？　と設定した。インタビューにあたっては,以下のようなインタビューガイドラインを設定した。調査実施日は2013年6月,7月であった。

　5名の知的障害のある社員それぞれに関して,本人にインタビューしたように表4-2の質問事項について一般従業員の立場からみえたこと,感じたことを聞く。それにより本人へのインタビューの内容を補完する。また創設当初在籍していて,途中で退職した知的障害のある社員についても同様の質問（退職理由なども含めて）をする。

　前章にある「知的障害のある社員に対する26項目の支援事項」の経験の有無や,感じた困難感。またはそれぞれの支援事項に関して,知的障害のある社員の就労継続にどの程度効果があったか。さらに26項目に加えて,ソーシャルサポートに関する先行研究により得られた4種類のソーシャルサポート（①道具的サポートの内,直接的サポート：資源提供や問題解決といった介入,②間接的サポート：情報提供,③社会情緒的サポートの内,情緒的サポート：愛情・愛着・親密性,④評価的サポート：評価・フィードバック）も加味してインタビューを

した。

分析方法

　分析方法は質的内容分析を用いた。序章において提示した理論仮説「知的障害者の就労継続には，企業内のソーシャルサポート機能を核にしたソーシャルワーク協働システムが有効である」を明らかにするため，本調査では上記の調査対象者の経験から知的障害者が継続的に就労をするための要因を探索的に明らかにすることを目的としている。そのために本書の第1章ではICFによる生活構造の捉え方を整理し，第2章ではソーシャルサポート機能とソーシャルワーク機能を融合した調査枠組みを先行研究の知見から構築した。この枠組みの妥当性を高めるために本調査は実施され，得られたデータを使用して枠組みを適宜修正していくやり方をとる。つまり既存の理論に由来したカテゴリーを使用し，調査データをこのカテゴリーに割り振り，カテゴリーの修正を行っていく方法であり，質的内容分析の特徴（ウヴェ＝2002）と合致する。

　ウヴェの同書で紹介されている，フィリップ・マイリングの提唱している方法として，以下の3つの分析技法が示されている。①要約的内容分析（同じ意味の文章などを削除したり，同じ意味の文章をひとまとめにしたりする），②説明的内容分析（①とは逆に曖昧な文章などを補足する），③構造化内容分析（例：データの「形式」から内部構造を得る，データから要素を抽出・濃縮して内容領域を構成する，データを次元により「尺度化」して評価する，などの構造化）である。

　今回の分析ではまずインタビューデータの逐語録を起こし，①要約的内容分析と②説明的内容分析を行った。そのうえで，ソーシャルサポート機能，ソーシャルワーク機能，ICFの各要素，就労継続の促進要素・阻害要素，就労危機，退職理由といったカテゴリーとのマトリックスを構成し，各データがどのカテゴリーに当てはまるかを分析して集約した。当てはまるカテゴリーがない場合は新たなカテゴリーとして追加することによって，既存の枠組みにはない新たな知見を明確化した。

　ウヴェはこの方法の限界として，データ以外から作ったカテゴリーや理論由

来のカテゴリーを用いて手早く効率的にコード化することにより，テクストの内容がみえにくくなり，テクストやその様々な側面の探求が不十分になってしまうおそれもあると指摘している。特にそれは要約的内容分析，説明的内容分析の際にその危険性が強くなるので，今回は元のテクストの言い換えを極力避けるようにして，そのまま文節を生かすことにより，元のテクストに含まれる本当の真意を損なわないようにした。

またグレッグ（2007）が挙げた分析結果の厳密性を確保するための4つの基準と具体的な対応方法(1)に従い，厳密性の確保に努めた。1点目の「確実性」については，分析結果を筆者から調査対象者に説明して意見をもらう「メンバーチェッキング」を実施した。2点目の「適用性」については，調査の実施方法，分析方法，分析結果について可能な限り詳しく記述した。3点目の「一貫性」については研究の全過程における決定のプロセスを可能な限り詳細に記述した。4点目の「確証性」については本論文の指導教員による継続的な論文指導に加えて，他の研究者からの指導も受けて取り組んだ。

3　調査の結果
―― 知的障害のある社員本人に関する要因

調査対象に関する基本情報と過去に起きた問題と特筆すべきサポートについて表4-3にまとめた。表内の太字で示した部分は生活に関連することで，恋愛や性の問題，金銭問題，家庭と関連する問題がみられる。就労継続組，途中退職組，両者ともに生活に関連した問題がみられ，また離職組では特に家庭の状況も強く影響していると考えられる。

また，A社における就労継続を促進する要因と阻害する要因，さらにはそれらに対して働きかけた企業側のサポート機能や土台となる支援環境について模式図として表したのが図4-1である。

就労継続促進要因について
約20年働き続けられた促進要因について，まず知的障害のある社員本人に

表4-3 A社の長期就労継続中および

社員		性別	就労期間 1)	年齢	障害等級	本人の特性や過去の生活問題，退職理由 2)
就労継続組	A	女	20年	39	4度	**社内恋愛**で仕事が手につかない時や**性の問題**も。相手が異動したことにより，仕事への集中力もどる。嘘やごまかしの癖があるが，注意，指導を素直に聞く。辞めたいと口癖のようにいうが，**自立に向けた経済的な理由**と，一般従業員による励ましにより就労継続している。一般従業員が親の代わりに**買い物や墓参りの同行**をしたことも。
	B	男	20年	53	〃	素直だが，プライドが高くメンバーといざこざを起こすことも。**保清に問題**があったが，寮の職員が働きかけ改善する。昔から定年まで働く，長男なので親を面倒みると宣言している。「少しずつ成長してきた」ことが働くことのモチベーションになっている。
	C	男	20年	43	〃	レタリングで職場貢献。その他オセロの腕など潜在能力を職場で引き出す。K氏に**70万円貸す**が曖昧になり親も巻き込む事件に発展した。基本的に他人を悪く評価しない性格。
	D	女	19年	45	3度	温厚な性格で，人のことを悪く評価しないだけでなく，かばったりもする。**身だしなみの乱れや悪臭の問題**があったが，一般従業員による指導や家族への調整により改善した。納品する包装紙の枚数を正確にそろえられないが，周囲の工夫や理解により解決。
	E	男	19年	39	4度	温厚で真面目。問題は特に起こさないが，一度だけ社長に怒られて**家に夜まで帰らないことがあった**。その際一般従業員が家庭に訪問し温かく迎え入れただけでなく，社長に進言し理解を求めた。
	F，Gはインタビュー協力が得られなかった。					
途中退職組	H	女	8年	―	4度	精神疾患判明。不調時は仕事中パニックを起こす。社内恋愛の相手に嫉妬から暴力をふるったり，**金銭のトラブル**があった。仕事中に職員と喧嘩したことが原因で退職。
	I	女	9年	―	〃	**娘の収入を当てにしている父親**。服も買うことが許されない。保清に問題あり。同僚と恋愛するも破局。父不在の時に**性的暴行被害**にあい，仕事にも支障をきたし退職。
	J	男	7年	―	3度	自閉症および精神疾患。仕事熱心な面もあるが，こだわりが強く，自分の意に反する注意を受けて，数回職場で暴力をふるうなど頻繁に逸脱行為を繰り返す。当時の社長は受容的で彼をかばったが，上層部の意向もあり退職に。
	K	男	10年	―	4度	弁が立ち，"悪知恵"が働く"職場のトラブルメーカー"。C氏との借金騒動の**加害者**。社内での喧嘩に負けたことがきっかけで退職。
	L	男	10年	―	〃	衝動的に資格取得や旅行に行く。途中で投げ出し無駄になることも。**母親が亡くなり**仕事に取り組む姿勢も不安定になり退職に。
	M	男	8年	―	〃	空間認知に難があり，さらにのんびりしていて業務遂行上問題が多かった。元々おおらかに育てられ打たれ弱かったが，同僚との**恋愛破局がショック**で，退職にまで至った。
	N	女	4年	―	〃	虚言癖。親もいいなりに。会社でのルール違反が判明。**家族も含め騒動**になったことも。会社との関係悪化し，退職。

注：1) 2013年3月現在。
　　2) 太字部分は，生活にかかわる問題やサポート。

第4章 知的障害者の支援事例から考える就労継続のポイント

途中退職した知的障害のある社員

家庭	特筆すべきソーシャルサポート ①自己評価	②地位	③情報	④道具的	⑤コンパニオン	⑥モチベーション	その他サポート
特に母親が娘の障害を認めず，お見合いを強制したことも。また一緒に外出することを嫌った。	いつでも電話による相談を受けて励ます			嘘を反省させる 金銭トラブル介入	買い物や墓参りに同行	就労継続への励まし	体の変化から恋愛に気づく 母親や寮長との連絡・調整
両親が早くに他界。寮住まいが長い。	定年まで働く意思を繰り返しほめる				買い物や愚痴聞き。母親的な役割	元気で働くことが親孝行と励ます	保清のために寮と調整
両親とも子供に協力的で社会性高い。		得意技で貢献してもらう					借金騒動を敏感に察知。親との調整
詳細不明。				数え方の工夫			保清について家族へ進言
両親ともに子供に協力的。							社長に進言，理解の促進。代弁
他の家族にも障害あり。母親は自営業。				パニック時の受容			
左記のような問題のある父親と二人暮し。	性的暴行被害の相談を受ける			服を買いに行くも父親に阻まれる			父親への生活改善進言
母は献身的だが，父親は拒否的。				問題行動に対しても長い目で見守る			
母親，子供に無関心で社会性乏しい。				金銭問題解決の仲介			
母親（他界）が本人の希望どおりに育てた。							
過保護に育てられた。						会社を辞めないよう励ます。	
娘の嘘をうのみにする親。それで会社との関係悪化。							

図4-1 A社における就労継続に関する要因と支援体制の模式図

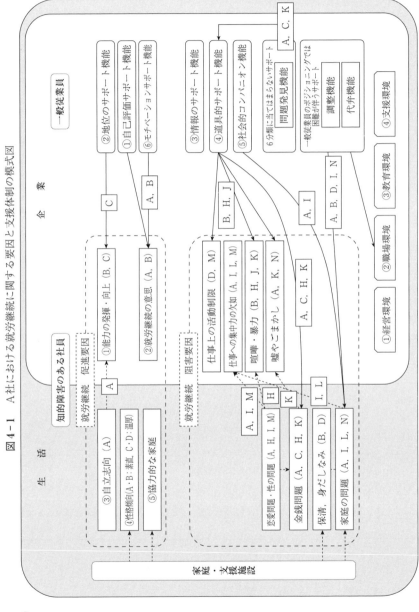

関連するポイントを5点にまとめた。

① 能力の発揮・向上が実感できていること

B氏のインタビューの中で，以下のコメントが非常に印象的であった。

> う〜ん。やっぱり，20年働いているのは，いろいろあったけど，少しずつ成長してきたっていうアレかな。
>
> （中略）
>
> う〜んと，印刷の方では……（中略）……「仕事がはやい」って言われた。用度品の方は，一番はじめに入ったときは，積み込みは下手だったけど……（中略）……だいぶうまくなってきた。
>
> （B氏）

「少しずつ」成長してきたという発言からは，長い年月を前提にしていると思われる。知的障害があるがゆえに長期的なスパンで成長を捉えていく必要性が示唆されているとも考えられる。支援する側としてはとかく短期的な成長を期待してしまいがちだが，そういった発想に警鐘を鳴らす重要な発言ではないだろうか。

B氏の発言は自分の成長の喜び，つまり「能力の向上」の喜びが就労継続の促進要因となっていると解釈できる。一方で「能力の発揮」ができる職場の重要性についても触れておきたい。C氏はレタリングの技術に長けていて，パソコンで入力・印刷したかのような文字を何枚も同じように書くことができる。そこに着目した当時の社長は，その技術を生かした新しい業務をやってもらった。A社の主要業務である用度品の配送業務の中で，伝票の文字と棚に書かれている棚番号を見比べてマッチングさせる工程があるが，視覚障害（片目失明）のある社員にとって既存の棚番号の文字が見づらかった。そこでより見やすい棚番号をC氏に書いてもらった。結果的に400枚にも及ぶ番号表を書いてもらったのだが，これは個々人の持つ能力を発揮してもらった事例である。インタビューの中では本人は口数が少なく，「覚えています」といった反応のみであったが，自分の能力を業務に生かすことができたのは，就労継続にとってプラスの影響を及ぼしたと考えることができるのではないか。

② 就労継続の意思が維持できること
　B氏は以前から定年まで働き続けることへの思いが強かった。それは約20年前にテレビ放映された番組の中でも本人が宣言しているシーンがあり確認できる。今回のインタビューにおいてもあと6年後に迫る定年退職を超えてさらに働き続けたいという発言があった。非常に働くことに対してのモチベーションが高いことがうかがえる。その背景に関連する一般従業員のコメントが興味深い。

　　（B氏にとって）ひとりでいることはすごい孤独なんですよね，たぶん。会社に来ないことも。お休みでも6時半っていうと，出てくるんですよ，寮を。だから，絶対A駅で誰かしらに，自分がお休みでも誰かしらに会うんですよ，朝。また今日もいたわよっていうくらい。もう出かけてくるのね。

　　　　　　　　　　　　　　　　　　　　　　　　　　　　　　（O氏）

B氏にとっては会社で働くことのひとつの目的が，孤独を解消することであるという考え方が提示されている。一方，A氏のように辞めたいと口癖のようにいいながらも周囲からの励ましを素直に受け止められる能力があり踏みとどまっているケースもある。

③ 自立した生活の維持また実現のため，経済的な安定が必要であること
　A氏が辞めないでいる理由は上記のような励ましだけではなく，自立生活を指向していることも後押ししている。

　　正直に言うと，毎朝起きて遊びに行くのは楽しいんですけど，ここ（会社）にくるのはいやだなって思うのは毎日なんですよ，正直に言うと。だけど，お金もらってるんでね。お金をもらうには働かないと。寮のお金も払わなきゃいけないし。

　　　　　　　　　　　　　　　　　　　　　　　　　　　　　　（A氏）

A氏は現在親元を離れ，グループホームで生活をしている。いずれ一人暮らしも考えており，そのためには経済的な安定も必要である。それが就労継続へのモチベーションにもつながっていると考えられる。

④ 性格傾向（素直，温厚）

個人因子も重要な要素であると考えられる。就労継続の促進要因としては，アドバイスに対して素直に受け取れる人や，他者を悪く評価しない温厚な性格傾向のある人は，安定して就労できると考えられる。

A氏は上記のように就労継続の意思が揺らぎがちであったり，また別の側面として嘘やごまかしといった問題行動も過去にはみられた。しかし，そのたびにO氏（一般従業員）をはじめとする周囲の人からの注意や励ましを素直に受け取り，修正してきた。またB氏は社内で特定の相手とけんかをすることも少なからずあったが，「基本的には温厚で律儀な性格」（Q氏（元社長），O氏）で長い目で周囲からフォローされてきた。

C氏やD氏からはインタビューの中でも一切他者を非難するような発言が聞かれなかったし，それはQ氏，O氏，P氏も認める寛容な性格の持ち主である。両者に対人関係を損なうようなトラブルが一切なかったのは，このような性格傾向からくるものと考えられ，そのことが就労継続のプラス要因に働いたと考えられる。

⑤ 協力的な家庭

家庭の協力は重要な要素である。逆に家庭に問題がある場合には就労継続の大きな阻害要因となることが考えられる。この点についてはむしろ阻害要因に着目すべきだと考えるので，詳細は後述する。

就労継続阻害要因——企業内における本人の問題点

就労継続の阻害要因については2点に分けて整理したい。ひとつは企業内における本人の問題であり，もうひとつは企業の外での生活問題である。

本人の問題としては，以下の4点がみられた。

① 仕事上の活動制限

・D氏：包装紙を100枚1束に分けることが正確にできない。
・M氏：空間認知に障害があり，たとえば荷札の針金をしっかりとつけることができないといったように，手先の器用さが欠如している。

仕事上の活動制限について言及されたのは上記の2名のみである。今回調査内で語られた12名の内2名という少なさでもあり，また一般従業員のインタビューの中でこの問題点が出てきた頻度も少なかった。

② 仕事への集中力の欠如
- A氏：身体障害のある同僚と社内恋愛をし始めてから突如仕事が手につかなくなってしまった。相手が職場にいなくなり別れてからは再び集中できるようになった。
- I氏：性的暴行の被害を受けてから仕事への集中力も欠けるようになり，やがて休みがちになり退職となった。
- L氏：母親の死から仕事への集中力がなくなっていき，退職した。
- M氏：同僚との恋愛が破局して仕事に集中できず，退職した。

　いずれも原因があり，それが生活面と関係していたことが確認できる。A氏以外は退職にまで至っている。逆にいうと，仕事への集中力の欠如が生活面でのトラブルのサインとなっている可能性があるので，職場で注意深く見守ることの大切さにつながるとも考えられる。

③ けんか・暴力
- B氏：素直で真面目だがプライドが高く，それがゆえに同僚の言動が許せなくなる時があり，けんかをしばしばしてしまう。
- H氏：社内恋愛をしている時に，相手が社内の他の女性と話している時に異常なまでに嫉妬し，相手を殴打した。
- J氏：自閉症および精神疾患があり，仕事熱心な面もあるが，こだわりが強く，自分の意に反する注意を受けて，数回職場で暴力をふるうなど頻繁に逸脱行為を繰り返した。当時の社長は受容的で彼をかばったが，上層部の意向もあり退職となった。
- K氏：弁が立ち，特にB氏と頻繁にけんかをした。最終的には身体障害のある社員とのけんかに負けたことがきっかけで退職した。

　いうまでもなくけんか・暴力は許される行為ではないが，感情を抑えきれない特性を持つ社員も少なからず存在したことがうかがえる。B氏以外は途中退

職をしており，けんか・暴力を起こす人が就労を継続することが難しいことが推測される。

④ 嘘やごまかし
- A氏：自分の業務実績を上げるため他者の業績リストカードを捨てたことが判明した時には社内でも大騒ぎになり，就労継続の危機になった。そのほか寮で生活している時にデートしていることを隠して会社のボーリングに参加したといってごまかした。その割には出費も多く，寮と会社との連絡により嘘が判明した。
- K氏：嘘をついてC氏から70万円ほどのお金を借りた。そのほか嘘により相手を怒らせて社内でけんか騒動になるようなトラブルを頻回に起こした。
- N氏：日常的に虚言がみられた。無断欠勤をして欠勤理由をごまかしたが，たまたまその朝会社の近くでQ氏（元社長）に姿をみられていて嘘が発覚することもあった。通勤費をごまかして会社から不当に受給していたことが発覚していた時も母親を丸め込んで味方に付けたが，それにより会社との関係が悪化し退職することになった。

嘘やごまかしにより対人関係が悪化する危険がある。A氏に関しては嘘が判明した後，周囲からの忠告を素直に聞くことがあったが，K氏やN氏のように嘘に嘘を重ねる虚言癖があると周囲との関係も次第に悪化し，途中退職にまで陥ることがある。

就労継続阻害要因──生活における問題
生活における問題としては，以下の4点がみられた。

① 恋愛問題・性の問題
既に触れたが，この問題が「仕事への集中力の欠如」や「けんか・暴力」といった企業内での問題に波及することがある。

② 金銭問題
- A氏：社内で恋愛していた人に言われるがままお金を貸していたが，返金されないことに悩み，O氏に相談して発覚した。

- C氏，K氏：K氏がC氏に対して「サラ金に追われている」といった嘘をつき，長期にわたって金を受け取り，最終的には70万円にまで膨れ上がった。会社内で2人がこそこそやり取りしているところをO氏が気づき，問題が発覚した。K氏は既述したように口がうまく虚言癖があり，C氏は人を信じやすい性格だった。両者の母親も含め会社で話し合い，清算をした。
- H氏：A氏と同様，社内恋愛の相手にお金を貸したが返ってこず，O氏が対応した。

③ 保清，身だしなみ
- B氏：入浴をしない，してもただお湯に浸かって短時間で出る，服も洗濯をしない状況の時は体から悪臭を放っていた。寮に働きかけて今は幾分改善された。
- D氏：にんにくの悪臭と，髪やつめが不衛生な状態で，O氏から何度も親に電話連絡して改善するように働きかけた。現在では改善されている。

障害特性としてセルフケア活動に制限がある人がいる。その場合，居住している家庭や福祉施設における管理体制が問題となる。

④ 家庭の問題（理解がない，協力的でない，育て方に問題がある）
- A氏：自分の娘（A氏）の障害を受け入れようとしない母親がおり，買い物や親類の行事に連れて行こうとしない。またNHKの取材があった時も，頑として娘を映さないように希望した。そのように娘の存在を隠そうとする一方，娘を結婚相談所に登録させ頻回にわたりお見合いをさせた。A氏は拒否反応からじんましんが出るほどだった。それらのことについて相談を受けていたO氏は，A氏を買い物や墓参りに連れて行ったり，お見合いを強制するのを辞めるように母親に働きかけたりした。今ではグループホームで自立生活をしているので，最近はこのような問題は聞かれない。
- I氏：母親は早いうちに他界して父親と二人暮らしであったが，この父親は娘（I氏）の収入を当てにして自ら働かず，しかも娘には服を買うことも許さず，日常的に暴力も振るっていた。そのような状況をみかねて，O氏は父親の許可を得たうえである時I氏と一緒に服を買いに行ったが，結局すべて

返品させられた。その後他者による性的暴行の被害にあい，それをきっかけに精神的に不安定になり仕事もできない状況になり退職に至った。なお被害にあったのは父親が娘を置いて家を数日間出ていた時であった。
・L氏：母親が亡くなってから不安定になり退職に至った。母親は非常に協力的で，L氏の資格取得や旅行など全面的に認め，大抵はうまくいかなかったが本人の希望どおりに育てた。母亡き後は父親と姉との暮らしになったが，母親ほどのかかわりがなくなったことがL氏を不安定にさせたと推測される。
・N氏：N氏の虚言癖については既述したが，それに対して親がまともに信じて会社との関係が悪化してしまう事態となり，最終的にはそのことが原因で退職した。

特に途中退職した人の事例においては，家庭に問題があり，本人もその影響で不安定になったり，会社との関係が悪化したりすることにより退職に至るケースがみられる。家庭の状況は就労継続に大きな影響を及ぼす要因であると考えることができる。

4　調査の結果
―― 環境因子としての企業における就労継続にかかわる要因

前項最後に取り上げた家庭についても環境因子として位置づけられるが，関連して次に，環境因子の中でも特に企業における就労継続に影響を及ぼす要因を，以下の4つに整理した。

経営環境

就労継続が実現しやすい職場づくりの大前提という位置づけになるが，企業トップの障害者雇用に関する継続的理解と配慮が不可欠となる。特例子会社の場合は無論，親会社のトップの理解も重要になってくる。

初代社長であるQ氏によると，親会社の経営陣からは会社設立当時から最大限のバックアップをするとのお墨付きをもらっていたおかげで，会社の採算に縛られることなく，障害のある社員が働きやすい職場づくりができたとのこと

表 4-4　知的障害者の苦手なこととそれを踏まえた配慮のあり方

苦手なこと	配慮
数を数えることや計算すること	・100枚を数えるのではなく，厚さや重さで確認する ・5の単位を活用する
的確な判断	・類似品の分散配置をする ・曖昧・複雑な指示をしない
迅速に物事をこなすこと	・その人のペースに合わせる ・より単純な作業をやってもらう
記憶すること	・複数の指示をしない。必要に応じて繰り返す ・可能な人には，メモを取らせる
コミュニケーション	・会話をしなくてもいい仕事をしてもらう ・ミーティングで自分なりの発表をしてもらう

出所：インタビューの内容から筆者作成。

である。具体的には用度品・事務用品ピックアップシステムの構築の際に予算が拡大され，そのうえさらにミーティングのスペースを確保するために費用が発生することになり関連部署から反対意見が出た時にも，企業トップの働きかけにより実現できた。

　また費用負担などの理解だけでなく，企業トップの障害者雇用にかける心意気は，最前線で取り組んでいる現場の人々の志気を向上するためにも重要な要素である。

職場環境
　障害のある社員が働く職場において，個々の障害特性に対する理解が重要であり，さらにはそれを踏まえた仕事づくりが必要となる。また長期の就労を実現するためには，従業員の加齢現象を考慮した業務の構築も必要となる。以下詳細を記す。
　① **障害特性の理解と配慮**
　初代社長のQ氏は，障害者雇用を開始する前に，あらゆるセミナーや勉強会に参加して障害特性に関する理解を深めていった。その中で表4-4のように，

第4章　知的障害者の支援事例から考える就労継続のポイント

知的障害者に共通の苦手なことを認識して，それを踏まえた配慮に取り組んだ。

数を数えることが苦手な人を意識した工夫として，事務用品や用度品を5つずつ棚に配置した。数字が苦手な人にとっても5単位でまとめると理解しやすいからである。例えば「8つ」とオーダーが出た時，1セット（5つ）に3つを追加する。同時に，作業指示を出す際，単位の呼び方についても気をつけた。例えば，「5セット」（25個）を持ってきてもらう必要があるのに，「5つ持ってきてください」と指示してしまうと大きな間違いにつながることになる。

「類似品の分散配置」とは，類似した品を間違えないように分散して棚に配置する工夫である。例えば"のし紙"は特大，大，中，小，極小と5サイズある。これをサイズごとに分けてなるべく離れた棚に配置した。さらに"のし袋"についても，祝儀，お礼，お見舞い，結婚，就職，出産，快気，御霊前，御仏前など多くの種類があるが，同様に分散して配置した。職場で取り扱う品は約770種類もあるが，この工夫によりミスの軽減につながった。

さらには業務面だけではなく，人間関係の維持においても工夫が見られる。B氏とK氏は頻繁にけんかをして，そのつど「もう2度とけんかをするな」と言い聞かせていたが，時がたつとすぐにまたけんかをしてしまう。Q氏はある時，期限なしで漠然とけんかをするなと指示をするやり方に問題があると考え，毎日朝礼で2人を前に呼び出して握手をさせて「今日もけんかはしない」と繰り返し誓わせたところ，その後はけんかが激減した。

なお，障害特性の理解といっても，知的障害全般に共通するポイントだけでなく，人によって異なる部分もある。個別性を重視して日々各社員と向き合っていたからこそ理解できる点もあり，A社はそれを重視していたといえるだろう。

② **個々人の能力に合わせた仕事づくり**

障害のある社員が働けるような職場体制を作るのは，設立時にQ氏が担当した。Q氏が第一に考えたのが，「人に仕事を合わせる」ことであった。一般的には「先に仕事ありき」という考えのもと，まず仕事があってそこに自分たちが合わせていくが，知的障害のある人の場合それが簡単ではない。しかしあき

らめることなく，その人に合った仕事や仕組みを作っていった。障害特性を理解したうえで，「この人は無理だ，できない」と決めつけるのではなくて，「何ができるか？　できないなら，どのようにしたらできるのか？」という考えのもとに，それぞれに適した仕事を用意したり，できるように環境を創意工夫したりする中で，可能性を追求していくということを重視した。その具体的な方法としては，社内のいろいろな職場から①仕事を切り出す，②仕事を組み合わせて作る，③新たに仕事を作り出すことであった。

　用度品・事務用品のピックアップ作業といった基本業務だけでなく，個人の能力に合った「すきま作業」，例えば清掃，片付け，伝票仕分け，パソコン入力，梱包，箱詰めなど枚挙にいとまがない。また，潜在的な能力の発見にも力を入れ，個々人の能力にかんする様々な発見を経る中で，既述したが，C氏のレタリング能力を実際の業務に結びつけるような取り組みもしてきた。A社はその後，聴覚障害者の雇用のため新たな職域を開発して厚生労働大臣賞を受賞しているが，上記の姿勢が反映された結果だといえるのではないだろうか。

③　加齢現象を考慮した業務の構築

　A社では加齢現象への対策を早くから講じて注目されている。加齢現象に対し，加齢現象の発現を遅らせることを主眼に，体を使い，会話をし，頭を使い，数を数えたりしながら，五体，五感を活性化させる努力を継続して行うことを重視している。業務における具体的なポイントとしては以下のとおりである。

・体を動かす仕組み
・頭を使う（数を数える）仕組み　｝作業自体に組み込まれている
・チームで行う仕組み
・会話の多い仕組み：業務内の声掛けや毎朝1時間のミーティングでの自己表現の機会
・業務改善活動：社員からの業務改善提案の推奨。表彰制度もある
・ジョブローテーション，新規業務開発：仕事を固定せず，職域を超えてローテーションをしている

　特にミーティングに関しては，それぞれが話題を用意し，みんなの前で自由

に発表することを毎日，創設時からやってきており，今でも表現力の豊かさを維持することに役に立っており，天皇皇后両陛下から「よくお話ができますね」と感心されたのはミーティングでの自己表現の成果であるとQ氏は語っている。

教育環境

A社では「規律・仕事は厳しく，職場は楽しく」というモットーを掲げ，社会生活・職業生活指導としてあいさつや返事といった基本的態度の指導を行ったり，自立した職業人の育成を視野に，給料を得て働く場，組織の一員といった職場認識の強化を図り，さらにキャリアアップシステムなどによる意欲の醸成にも力を注いでいる。具体的には以下のような取り組みである。

① **社会生活技能の教育**

以下のようなポイントをミーティングや仕事の中で指導している。

・社会生活上の基本的指導（あいさつ，返事，礼儀，態度，規律，約束，報連相，感謝，協調心）

・6つの自己管理の指導（健康，時間，安全，金銭，対人関係，身だしなみ）

② **職業人の育成**

職業人としての自覚を育成することにも力を注いでいる。会社は働く場，給料を得る場であり，学校とは違うということである。それゆえに組織の一員として協調心を持つこと，一生懸命に努力することを繰り返し指導している。

しかし，中には言葉だけで理解したり，行動に移したりすることが難しい人もいる。実際に仕事の成果をほめるだけでなく，毎月のノーミス賞や優秀賞などの表彰や，さらに業務改善コンクールなども行っている。それらを通じて喜びを感じてもらうことによって自信をつけてもらったり，厳しいだけではなくレクリエーションなどを通して相互理解を進め，職場の一体感を作るように意識した。またキャリアアップを目指すことができるように目標設定と実績評価を行い，意欲を醸成した。

支援環境

　最後に支援環境であるが，人材面と支援のあり方について分けて記述する。ただ，後者については本書の主題でもあるので，次節に独立させて論述する。ここでは支援に適した人材について記す。
　Q氏は人的環境の整備を重要な要素のひとつと位置づけ，職場責任者と指導者の人選の重要性を強調した。職場責任者としては「責任感・元気・根気・思いやりのある情熱家」が適していて，現場の指導者としては「心身ともに健康な人，明るい性格で人間味のある人」が適していると経験からまとめている。
　O氏，P氏，Q氏がこの要件に該当するかどうか，客観的に判定することは難しい。人材としての質の判定はともかくとして3者とも共通しているのは，この仕事をするまでは障害のある人と触れる機会は全くなかったという経路性についてである。Q氏は会社から任命されてから集中的に研修を受けて障害者の配慮について学んだ。O氏，P氏は職に就いてから自主的に近隣の福祉施設に行って勉強した。長年公私を問わず知的障害のある社員たちと献身的にかかわってきたO氏であったが，苦労がしのばれるエピソードもある。従事し始めた当初辞めようと思ったが，娘に止められ励まされたことから持ち直したとのこと。また寝言でうなされたように職場のことを話すこともあり，それを聞いた家族から仕事を辞めるように勧められたこともあったとのことであった。
　O氏は今回のインタビューにおいて，障害のある職員たちを「子」と呼ぶことが多かった。実際に自分が母親の立場で子を思うように身だしなみを気にしてあげたり，今でも頻繁に自宅の電話にかかってくる彼らからの相談や報告に耳を傾けたりしている。「『あ〜お母さんに報告するように言ってくるんだな』って思って聞いているんですよ。」というコメントからもその人間味は伝わってくる。
　さらに3人の共通点として，障害のある社員からむしろ自分たちが教わっているという感覚を強く持っているポイントが挙げられる。Q氏は「我以外すべて師なり」という信条の持ち主であり，障害のある社員に対しても例外ではなくそのように感じていた。3者の以下の発言からも推測できる。

O氏：障害者じゃなく，人間と人間ですもの。
P氏：はじめからそう思ってないと，勤まりませんよね。
O氏：勤まらないし，お付き合いできないし。
……（中略）……

人間と人間の付き合いですね。やっぱり。向き合って，目と目を見て，話しをしないと，やっぱり信じてもらえない。

Q氏：我々やっぱり対等の意識を持ってみてあげるということですよね。人間同士ですからね。
O氏：その子の目線に合わせてね。私たちも知らないことをいっぱい教えていただきましたから。本当に勉強させていただきました。
Q氏：そうですね。O氏がおっしゃるように，私は今現在も障害者雇用にかかわる仕事を続けているけれども，すべて師匠がいたからだった。そのお師匠さんは障害者なんですよ。障害のある人たちが我が師匠ということで，いろいろ教えていただけたなぁ（中略）。
O氏：本当そうです。

以上，支援環境のうち支援に適した人材に関する結果をまとめたが，次に支援環境の中でも就労継続に有効な支援のあり方についてまとめる。

5　就労継続に有効な支援について

本章第3節において，知的障害のある社員本人に関する就労継続の促進要因と阻害要因について示した。そして前項では本人にとっての環境因子である企業に焦点を当て，就労継続のベースとなる4つの環境について整理した。ただし，最後の支援環境のうち支援に適した人材についてはまとめたが，支援のあり方，つまり就労継続に有効な支援については本書の大きなテーマになっているので，改めて本節において整理していく。

既に表4-3の右半分「特筆すべきソーシャルサポート」において示したが，就労継続に影響のあるサポートについて，渡部の6つのソーシャルサポートの

枠組みを援用して整理した。なお，6つのソーシャルサポートについては第2章第3節ですでにまとめている。

自己評価サポート

これは相手の抱えている問題を傾聴・共感し支持するサポートである。特にO氏はこのサポートを長年実践してきた。頻繁に自宅に相談の電話がかかってきて，そのつど親身になって対応している。それは既に会社を退職した今となっても変わらない。特にA氏，B氏からの電話の頻度は高い。またI氏が性的暴行の被害にあった時も，父親不在の中，被害状況を訴えることができたのはOさんたちであった。

B氏は元々定年まで働くという気持ちが強く，同時に長男ゆえに親の面倒をみていきたいということを口にしていた。しかし実際には母親は他界し，本人も寮暮らしであり，さらに弟の家族にいろいろお世話になっている状況である中，O氏はB氏に以下のようなことを伝え励ました。

> B君がお父さんを面倒みるって言った〈中略〉一緒にいなくても〈中略〉B君が元気で一生懸命会社にお勤めすることが親孝行だから，お休みしないでまじめにね，親に心配かけないで会社に来ることが親孝行だよって私が言ったら，「わかった，がんばるよ」って言ってました。
>
> （O氏）

本人の思いを否定することなく受け止め，さらに親孝行のあり方として長く健康に就労を続けるという解釈を明確化することによって本人の理解を助けている。就労継続の促進要因を醸成するサポートであると考えることができる。

地位のサポート

これは相手に役割を与えたり，役割を通じて相手を認めるサポートである。基本的な考え方は，本章第4節（127頁）で記したように，A社では「人に仕事を合わせる」という考えのもと，各社員の能力に合った細かい仕事を創出するように努めている。その中でC氏のような例（本章第2節（119頁）を参照）

もあった。また，B氏のように，本人たちが成長を実感できるように個人レベルでほめて，組織レベルでは本章前節「教育環境」で記したように，各種表彰制度などが実施されている。

仕事により役割を得て，職場でほめられ成長を実感する。そのようなサポートが就労継続の促進要因を生み出すと考えられる。

情報のサポート

これは相手のニーズに適合した情報を提供するサポートである。今回のインタビュー調査においては明確にこの分類に当てはまるエピソードはみつからなかった。聞き取りのテーマが就労継続に有効な支援としたため，得てして就労継続が危機的な状況に焦点が当てられがちで，そのような時に情報を提供するといったサポートは適合しないので出てこなかった可能性がある。しかし，そのような危機的な状況だけでなく，就労継続にあたっては知的障害のある社員のニーズに適合した情報を提供することは重要なことである。

道具的サポート

これは実際的な課題に対する援助の提供をするサポートである。職場内外を問わず実際的な課題，問題に対する対処は，以下のようなケースでみられた。
- 仕事上の活動制限に対して工夫，配慮をしてできるようにする。たとえばD氏は包装紙を100枚1束に分けることが正確にできなかったが，枚数を数えるのではなく，100枚の束を1束用意してその厚さでほかの束を作っていき，多少の誤差は許容するようにした
- 職場においてパニックなどにより暴力的な動きをした場合であっても，それでもみんなで支えていこうと受容していく。ただし，サポートを尽くしたにもかかわらず，H氏やJ氏，K氏のように退職に至ったケースもある
- 嘘に対して反省をさせる
- 金銭問題の解決に向けた介入を行う

いずれも就労継続阻害要因に対して具体的に介入している。問題の解決のた

めに，時には家庭や寮などに対して介入したこともあるが，これについては後述する調整機能として取り扱いたい。

社会的コンパニオン機能
　これはともにいる，ともに出かけるなどの社会活動のサポートである。特にO氏の活動にみられるが，本人の希望に応える形で，親に代わって買い物や墓参りに連れて行ったことがあった。このサポートがないと直ちに退職につながるような性質のものではないが，信頼関係の中で自然と実行されたものであり，より信頼関係を強めることにもつながったと推測される。

モチベーションサポート機能
　これは根気よく何かを継続したり，解決に向かって進んでいけるようにモチベーションを高めるサポートである。本章第1節「就労継続促進要因について」に記載したとおりで，特にO氏は頻繁に相談を受ける中で，A社のように配慮がきちんとなされる会社はないので，辞めたくても我慢したほうがいいという励ましをいろいろな人に伝えたが，A氏，B氏のようにその進言を素直に受け取る人もいれば，M氏のように励まし以上に辞めたいという意思，またその背景となる要因（社内恋愛の破局）が強い場合には限界があることもある。

その他のサポート機能
　以上が6分類のサポート機能別に整理した結果であるが，6分類には位置づけられないサポート機能も見受けられた。それは大きく2つに分類でき，1つめは知的障害のある社員を対象とするがゆえに必要であるサポートであり，2つめは一般従業員の立場からは一般的には担いにくいと考えられる専門性の高いサポートである。前者を「6分類には当てはまらないサポート」，後者を「一般従業員のポジショニングでは困難が伴うサポート」と位置づけ，以下詳細を記す。

第4章 知的障害者の支援事例から考える就労継続のポイント

① **6分類には当てはまらないサポート**

　ここでは問題発見機能を提案したい。具体的なエピソードとしては，A氏が社内恋愛を始めた時にO氏は体つきの変化をいち早く察知し社内恋愛を発見したうえで，当時Q氏に報告していた。そこから性教育も含めたかかわりにつながっていった。別のケースとして，C氏とK氏の70万円にも膨らんだ借金事件があるが，その発見した経緯について以下のように語っている。

　　荷物の陰で「また貸してくれ」っていう話を，私がちょっと小耳にはさみまして。仕事中に。……（中略）……聞こえてきたんですよ。で，「帰りにどこどこで待ってて」って，「カード持ってるか」とかなんとか言ってるんですよ。こりゃあおかしいと思って。その日は黙って，家に帰ってから，C君のお母さんに電話して。事務所にも言えませんからね，まだ確信のないことなので。で，お母さんに電話して，……（中略）……翌日調べてみると，お母さんびっくりです。もう，何回も出して。70万だか80万だか。で，本人は（お金の）使い方知りませんので。……（中略）……じゃあそれをとにかく，正直に会社に全部言ってくださいって言ってQさんにお母さんのほうから電話してもらって。それでわかったんですよ，全部。

（O氏）

　特にO氏やP氏は，業務時間中には知的障害のある社員のそばにいることが多い。平日はほとんど仕事をしていることを考えると，職場の外で起きている生活問題についても発見する糸口をつかむことは期待できる。O氏は非常に鋭い感覚を持っているともいえるだろうが，普段の見守りの姿勢がこのような問題解決の第一歩となる発見につながったのだろう。問題が明らかでない段階では事務所をとおさずに母親と連絡をとり，明らかになってからは母親から会社に連絡をさせるという行動からも慎重な配慮が感じられるが，すべてを抱え込むのではなく事態を慎重に見守り，事態が発覚してからはそれなりの立場の人に解決をゆだねる姿勢が感じられる。立場に応じた適切な対処といえるのではないだろうか。

さて、この問題発見機能が6つの機能に当てはまらないかどうかについて検討したい。6つの分類の中で問題発見機能に近い機能としては、「道具的サポート機能」が挙げられる。しかしこれは既に明らかになった問題、課題を具体的に解決していくサポートである。上記の例は潜在的な問題を発見するということがポイントになっている。その他の分類は明らかに当てはまらない。自己表現が不得意なことが生活機能障害として位置づけられる知的障害のある人々のそばにいる存在として、問題発見機能は重要なサポートとして位置づけることができると考えられるので、6分類とは別に新たに位置づけることが必要であると考えられる。

② 一般従業員のポジショニングでは困難が伴うサポート
(1)調整機能

A社では家族や寮の職員に対して問題の解決のために直接働きかけを行っていた。たとえば以下のようなケースがみられた。

・娘の障害を認めようとせず繰り返し無理やりお見合いをさせようとするA氏の母親に対して、O氏は何度も考えを改めるよう進言した
・娘の収入を当てにしているI氏の父親をQ氏は説教したこともあったが、変化はみられなかった
・虚言癖のあるN氏の親を説得するもののうまくいかず、結局会社との関係をこじらせてしまった
・B氏やD氏は保清、身だしなみに問題があり、親や寮の職員に生活を改善するように働きかけ、徐々に改善していった

障害者雇用に取り組んでいる企業においては、家庭との調整が不可欠である。また、単なる調整のみならず、職場外における生活面を改善するように指導する必要もある。その対応は会社によって様々である。直接会社側が連絡をとっている場合もあるし、会社と家族との関係の悪化を回避するため必ず支援機関を通じて連絡をとっている会社もある。A社の場合、特に初期段階では支援機関も今のように存在せず、直接連絡をとっていた。しかも会社の中の管理的な立場ではないO氏やP氏が連絡をとっている。

就労継続を阻害するような問題で，しかも家庭における問題が背景にある場合，その解決に向け会社にいる立場の人が直接家庭と連絡をとることは難しいことも推測される。それは前章で「生活に関する困難感」として明らかになった。家庭の問題は往々にしてその家庭の中で長年培われてきた背景があり，それを改善するのは簡単な話ではないし，ましてやそのような支援を業務の本質としていない人々に担わせるのは酷な話である。それゆえにこのような調整機能は「一般従業員のポジショニングでは困難が伴うサポート」と位置づけることができると考える。ただし，企業側がやるべきではないというわけではなく，「困難が伴う」という点を強調しつつ，あとはその企業側でどこまで家庭に踏み込んで調整をするか，または支援機関と連携するかといった判断をすべきであると考える。

(2)代弁機能

歴代の社長の中で漢字や計算を宿題として出し，朝に答え合わせをするという課題を課した時があった。そのようなことが苦手な社員にとっては苦痛に過ぎず，また家族や寮の人々にも戸惑いが表れてきた。その時にO氏が社長に進言したがその時のエピソードは以下の通りである。

　　社長聞いてくださいって，お願いしたいことがありますって。毎日子どもたちに，子どもって言っちゃいけないんでしょうけど。宿題を出したり，勉強を毎日するということは，あの人たちにどれだけ精神的に負担になってるかおわかりですかって。みんな同じ状態の障害者じゃなく，いろんな状態の人がいるので，ほんと考えていただけませんかって言ったら，「私は考えてやってます」って言うんですよ。でも，親御さんとか寮の寮長さんとかが，とっても困ってますって。夜お電話いただいたりして，こうなんですって言ったら「私は私の考えで，あの子たちを少しでも社会に通用するようにお勉強させたいからやってます」って言うんですよ。でも，それについていける人はいいですよ，E君とかね。漢字をよく知っていてね，珠算も検定も簿記とかも持ってる人はやればできますけど，Bさんとかできない人も何人もいますよね。だからそういう人にしたら，ほんと拷問で

すって言ったんですよ。言ってるの私悔しくて，涙がでちゃいますよ，ほんとに朝から。お願いですから考えを変えてくださいって。

(O氏)

社長はこの訴えに対してすぐには応えなかったが，しばらくして宿題は出さなくなったとのこと。Q氏もこの行動に対して以下のようにコメントしている。

> でもいい進言だ。結局ね代弁者が必要なのよ。代弁者がいない職場では退職者が増えちゃうのね。だから，彼らの心の中にあるものをどう読み取るか。読み取れるのは，誰でも読めないのよ。

(Q氏)

確かに知的障害の特性として自己表現がうまくできないことがあることを考えると，その思いをくみ取って代わりに必要な対応をする代弁者は必要である。またその思いをくみ取ることに長けているのは後からきた社長よりも，長年公私ともにかかわりを持ち続けているO氏であろう。しかし，このような進言をすることは一般従業員の立場からは困難であることがO氏の表現からも推測することができる。前章の調査で「考えをそろえる困難感」が明らかになり，その中で社内で立場の上の人との考えが異なった時にこのような進言も容易ではなく，修正することが難しいというコメントがみられた。この点で，仲介できる第三者の存在が求められるということができるのではないか。

6 生活問題が就労継続に与える影響

以上の結果を踏まえ，主に生活に関連した問題が就労継続に与える影響の重要性と，企業内におけるサポート機能のあり方について考察し，就労継続に有効な支援モデルの構築のための知見を提示していきたい。

生活問題が就労継続に与える影響の重要性について

就労継続に関する促進要因・阻害要因ともに企業の外で起きている生活の面が影響していることが調査により明らかになった。

第4章　知的障害者の支援事例から考える就労継続のポイント

　A社の例をみると恋愛や性に関する問題が仕事への集中力を欠如させたり，また職場内での暴力につながったり，さらにA氏やH氏のように恋愛の相手との金銭問題に発展することもある。前章で取り扱った高齢・障害者雇用支援機構の『講習テキスト』（2009：129-133）における「知的障害者の雇用継続のために」では，以下のような記載がみられる。

> 　人間関係をうまく処理していくことは苦手な人もいるので，感情の行き違いが修復できず，不満をもったり，孤立したりすることもあります。そのときにうまくコミュニケーションがとれるように，休憩時間やアフターファイブも含め，人間関係に配慮し調整することが，障害者職業生活相談員の重要な役割になります。

　このように私生活における人間関係が職場内に持ち込まれることは，就労継続にも悪影響を及ぼすこともあり，見過ごすことができないポイントと位置づけることができる。

　また家庭の問題も影響が大きい。協力的な家庭であればむしろ就労継続の促進要因にもなるが，理解や支えに乏しい家庭が背景にある社員については，本人が不安定になることにより仕事への集中力が欠如（A，I，L氏）したり，家庭を巻き込んだトラブルから会社との関係が悪化（N氏）したりすることもあり，就労継続に深刻な阻害的影響を及ぼすことが明らかになった。この点について『講習テキスト』においては，「離職を未然に防ぐ問題解決」の中で「家庭との連携」については触れているが，家庭自体の問題については触れていない。問題解決のパートナーとして無論重要ではあるが，家庭自体に問題がある場合も想定し，その調整をいかに行うかも重要なポイントとなる。

　さらに生活が職場に影響を与えるのは上記のような就労継続の阻害要因だけでなく，促進要因においてもみられた。自立指向（A氏：将来の自立生活に向け現在寮生活をしている）があるがゆえに就労継続の意思を持ち続ける人や，協力的な家庭で育ち温厚・素直な性格傾向であるがゆえに対人関係でのトラブルがなく，長年の就労継続につながっている人もいる。

　さて，上記のように生活と職場とは切り離して考えることができないことが

明らかになったが，この点については中川（2003）の指摘するように，企業就労している知的障害者の抱える問題は，生活全体の中で様々な背景と原因により複雑に構成されており，部分に切り離して捉えることは不可能だという見解と一致する結果である。企業内で起きている問題とはいえ，その解決や支援については企業内だけで完結するのではなく，その背景には企業の外で起きていることが原因であることもあり，生活問題も含めた支援を考える必要があることが判明した。それでは就労継続のための企業内での支援はどのように捉えるべきであるか，どこまで支援の手が行き届くのかといった点については次項で考察する。

企業内における知的障害者の就労継続に有効な支援について
① 前章の 26 項目の支援事項との関係について

知的障害のある社員が長年継続して働く過程において，職場の中の問題だけではなく，生活に関連した問題も就労継続に少なからず影響してくることが明らかになった。A社では，今ほど障害者の就労支援機関が充実していない20年以上前から試行錯誤でノウハウを確立し，6つのソーシャルサポート機能だけでなく，企業の一般従業員のポジショニングでは困難が伴うサポートも企業内で担って成果を上げてきた。そのような体制があるがゆえに半数以上もの知的障害のある社員が，それぞれ問題を抱えながらも約20年の就労継続を実現できたといえるのではないだろうか。まずはその実践内容を先行研究と擦りあわせることによって明確化していきたい。

本章で明らかになったソーシャルサポート機能と，前章で取り上げた26項目の支援事項との関係について図4-2のとおり関連づけをした。特にA社において就労継続のために実践された事項については，文字を白抜きにして強調している。また〔問18　給料使い方指導〕〔問19　給料本人管理指導〕〔問21　余暇活動の支援〕については「生活指導機能」として新たに位置づけた。ただしA社の調査において就労継続に直接影響した要素としては現れなかったことを鑑みて，独立した形ではなく類似の機能である「調整機能」と並列させて

「調整機能・生活指導機能」と位置づけた。その結果図4-2のように概ねA社のソーシャルサポート機能と26項目は一致する形で整理された。

② 先行研究・実践報告との比較による9つのソーシャルサポート機能の考察

陳（2009：115-132）は職場同僚からの支援内容として，「①知的障害を持つ従業員の受容」「②身分保障」「③保護-信頼関係の構築」「④社内の理解の促進」「⑤地域住民の理解の促進」を事例をとおして整理した。陳の論文を中心にその他の先行研究，実践報告も含めて，表2-3（前掲）で提示した6つのソーシャルサポート機能に，前節でその他のサポート機能として挙げた新たな3つの機能を加えて9つとし，比較検証する（それぞれの機能を【　】でかこんだ）。

まず【(1)自己評価サポート機能】であるが，A社の事例においては，本人の思いを傾聴し，否定することなく受け止め，さらに考え方の整理を通して理解を助けるようなサポートを展開している。上記の「①知的障害を持つ従業員の受容」を含むだけでなく，「③保護-信頼関係の構築」にもつながるようなかかわりとしても重要になるだろう。また知的障害のある人は，社会生活上の不自由感があっても自ら支援の必要性を理解，表出することが難しいがゆえに，自己理解の支援も必要（松本ら 1999）である。

【(2)地位のサポート機能】に関しては上記の「②身分保障」が近いだろう。陳の事例においては，指導的な役割を買って出た一般従業員が社長やその他同僚に理解を促し，知的障害のある人を正社員として雇用し，様々な困難を乗り越え仕事に定着させた例が示されている。このサポートはただ単に能力に応じた仕事を用意するだけでなく，それ以前に周囲の誤解や偏見を解くなど，理解を促進することが前提となる。その意味では「④社内の理解の促進」もかかわってくる。

【(3)情報のサポート機能】や【(4)道具的サポート機能】のうち特に職場内におけるサポート，たとえば26項目の支援事項の〔問1　伝達方法の工夫〕〔問5　職場生活指導〕といったことは，一般企業において知的障害のある人が働

図4-2 A社の実践から抽出した支援モデル

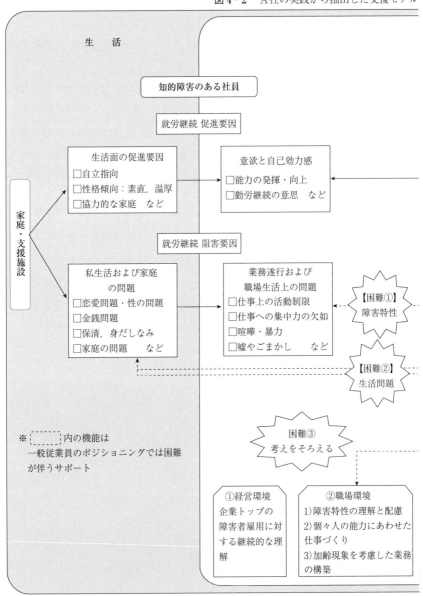

第4章　知的障害者の支援事例から考える就労継続のポイント

と26項目の支援事項や困難感との関係

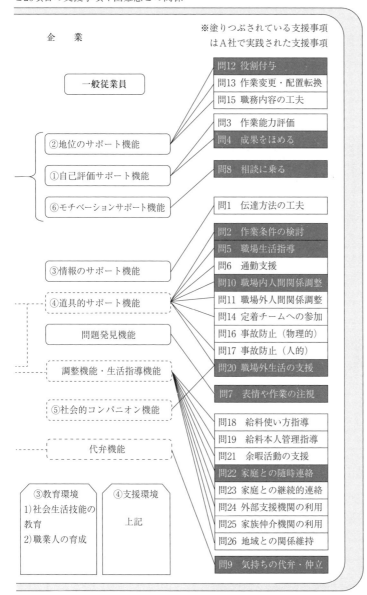

いていくうえで必要不可欠な基本的な配慮である。様々な雇用マニュアルや実践報告などにもみられるサポートと位置づけられるだろう。しかし【(4)道具的サポート機能】のうち職場外の生活にかかわるサポートについては，職場の一般従業員ではサポートに限界が生じてくる。これについては次項において述べる。

【(5)社会的コンパニオン機能】については，陳の事例では，通勤時の問題行動の対策として一般従業員が知的障害のある社員宅付近まで足しげく通い，本人に対する安全指導や地域の人々への理解を求めるサポートをした旨が述べられている。A社の事例では家族の代わりに休日に買い物や墓参りの同行をするといったことが聞かれた。いずれも職場外のサポートであり，一般従業員がどこまでの機能を担うかといったことが問題にはなる。しかし少なくともこれらの事例からいえることとしては，職場の外でもサポートが必要な時があり，それに対して企業の一般従業員がサポートをしているケースもあり，さらにはそれによって問題の軽減や解決につながったり，互いの信頼関係が深まったりすることがあるということである。

【(6)モチベーションサポート機能】については，モチベーションが向上する要因には様々なことが推測できる。陳は，知的障害者の一般就労が継続する要因として個人因子と環境因子に分け，前者において「本人の能力・社会的スキル・資質，本人の障害を含めた自己認識・他者の反応への認識，就労意欲」と指摘している。特に就労意欲につながる要因として自立生活の実現・維持や，一般就労していることの誇りを挙げている。また本書の序章第4節で触れた日本理化学工業の大山氏の指摘する働くことの意義である「人に愛されること，人にほめられること，人の役に立つこと，人から必要とされること」もモチベーションの向上につながるだろう。本書においても本人の意欲と自己効力感を就労継続の促進要因として位置づけているが，このようなモチベーションの維持・向上につながるようなサポートのあり方は今後もより精緻化されていく価値があると考えられる。

【問題発見機能】については，陳の提示している事例においては，一般従業

員が知的障害のある社員を理解するために「観察」をし，問題行動がみられたときには「見張る」，さらにはある程度仕事が定着した後に「見守る」ことの重要性が指摘されている。『講習テキスト』においても知的障害ゆえの特徴として「心身の不調を起こしても，不調の状態を自覚できなかったり，質問されてもうまく返答できないで，欠勤やそこからの不適応につながることも」あるので，「普段と違う表情や受け答え，作業ぶりなどから，だれかが早めに変調に気付くことが大切」だと記されている。A社の例では金銭の貸し借りを発見するきっかけになったのが職場での不審なやりとりに何気なく気づいたことであった。日常的により近くでともに働き，気にかけているからこそ気づけたのであり，これは企業の一般従業員ゆえの強みということができるだろう。普段から知的障害のある社員の健康状態や，また社会生活全般から発生する不安・心配事などをキャッチするために，何気ない変調に気づくような心構えがともに働く一般従業員には求められる。

【調整機能・生活指導機能】および【代弁機能】については，一般従業員のポジショニングでは困難が伴うサポートである。陳の事例においては前者と関係するのが「⑤地域住民の理解の促進」，後者については「②身分保障」が関連している。前者は一般従業員が知的障害のある社員の通勤途中での特殊な行動（大声で独り言をいいながら歩く，住民に不可解な行動を急にとるなど）について周辺住民に説明したり，時には謝罪をしたりすることにより理解を促す行動である。後者については，入社前の実習での会社側の評価が低かった知的障害のある人を正社員として採用するように社長を説得（自分が指導責任者となることを条件に）したエピソードが挙げられている。この事例の一般従業員はとても熱意に満ち溢れていてこのような実践に結びついているが，一般的には，いずれのエピソードも一般従業員のポジショニングでは困難が伴うサポートといわざるを得ない。しかし，知的障害のある人々に対する社内や地域における理解が十分とはいえない（ともすれば偏見や誤解が存在する）現状としては，一般企業において継続的に就労できる可能性を切り開いていくためにはこれらの機能は必要であると考えられる。

企業におけるソーシャルサポートの困難,限界について

ここまでで,本章ではA社の調査と26項目の支援事項から,一般従業員によるソーシャルサポートの機能を図4-2のとおり整理した。しかし,これらすべての項目を現実的に実践できるのかどうか,その実現可能性については前章の困難感の実態も踏まえて検討する必要がある。

就労継続の促進要因を強化するサポートについては,問題を解決するといったサポートとは違い実現可能性のハードルは高くないと考えられる。企業側が当該サポートの実施を決断しさえすれば実行できる内容だと考えられる。

問題は就労継続の阻害要因,つまり,企業内における「業務遂行および職場生活上の問題」や「私生活および家庭の問題」を解決するためのサポートの実現可能性である。それを検証するために,前章で導き出された支援に伴う困難感を参考に考察する。まず【道具的サポート機能】について。これは具体的な問題解決のためのサポートであるが,職場内の問題に対するサポートと生活面の問題へのサポートに分けることができる。職場内での道具的サポートは26項目の支援事項においては〔問2　作業条件の検討〕(例:D氏の100枚束の数え方の工夫),〔問5　職場生活指導〕(例:A,K,N氏の嘘やごまかしへの指導),〔問10　職場内人間関係調整〕(例:B,H,J氏のけんか・暴力に対する粘り強い指導)などが該当する。これらの支援に伴う困難感は,第**3**章の表3-3をみるとわかるように「障害特性への対応の困難感」が付随することがわかった。生活面の道具的サポートは〔問20　職場外生活の支援〕(例:A,C,H,K氏の金銭トラブルの介入)が該当するが,これに伴う困難感は「生活問題の解決が困難＋改善の効果が出ない」といった「生活問題への対応の困難感」が付随することがわかった。

次に【調整機能・生活指導機能】についてであるが,これは〔問22　家庭との随時連絡〕(例:A,B,D氏のように家庭や寮との生活面の調整)や問18以降の給料使い方,管理,余暇活動の指導や,問24以降の外部支援機関や地域との関係維持が該当する。これらについては「家庭との連携が困難」や「支援機関との連携が困難」といった「生活問題への対応の困難感」が付随する。

第4章　知的障害者の支援事例から考える就労継続のポイント

　最後に【代弁機能】であるが，これは〔問9　気持ちの代弁・仲立ち〕が該当するが，前章の調査では特に明確な困難感は抽出されなかった。しかし，A社の調査，特にO氏が障害のある社員への宿題を止めるよう社長に対し直訴した時のエピソードを聞くにつれ，困難が伴わないはずはない。これは前章で明示した3つ目の困難感である「考えをそろえる困難感」として位置づけることができると考える。前章のアンケートにおいても「上司に言うと，何を言われるかわからないと思い，報告をすることをしなかった」といったコメントがあることから，知的障害のある社員の利益のためとはいえ，それを会社側に代弁することは容易なことではない。

　以上のように，就労継続のために有効なソーシャルサポートとはいえ困難があることが明らかになった。これは「企業の一般従業員のポジショニングでは困難が伴うサポート」として位置づけ，図4-2（前掲）においても点線で囲んでいる。これらの機能については上記の困難を鑑みると，すべての企業にそこまでの機能を果たすことを期待することは現実的ではないだろう。特にO氏が実践されてきた家庭へのかかわりや職場内での社長への進言といった代弁機能などは，O氏の類まれなる情熱ゆえにできたこととも言えるかもしれない。そのような人材が今後も増えることを期待したいが，就労継続に有効なモデルの構築を考える際には，サポートの困難性を踏まえたうえで支援モデルの構築につなげる必要がある。また，3つの困難感に対する軽減策を4つ提言したが，これも含めて次章において，ソーシャルワークの導入が有効との理論仮説の検証を通じて論じていくこととする。

　さらにサポートの困難感だけでなく，限界についても触れておきたい。特にA社の途中退職者の退職に至った原因を考えると，けんか・暴力・嘘やごまかしといった本人の問題行動と，家庭の問題が大きいと考えられる。どんなに企業内で丁寧で有効な支援を展開していたとしても，「いかんともしがたい問題」であると位置づけられるのではないか。つまり企業内のソーシャルサポートの限界であり，これについてもソーシャルワークで補えるところを検討したり，また就労継続だけではなく転退職や福祉的就労への移行などより広い選択肢を

考えた支援を検討したりする必要があるが，本書のテーマからは外れる内容であるため別の機会に取り上げていきたい。

この調査の意義と限界

A社の先駆的な実践のおかげで，知的障害のある社員の就労継続に有効な支援，特に企業内におけるソーシャルサポートについて貴重な知見を得ることができた。しかし，1社のみを対象にした調査であるため，むろん安易にこれらの知見を一般化，普遍化することはできない。20年以上の就労継続を実現する人や雇用する企業もこれから続々と増えていくと考えられる。今後も引き続き上記の知見の妥当性を検証する機会を作っていく必要があると考えている。

また今回知的障害のある社員本人のインタビューを実施した。研究倫理審査を経ているとはいえ，本当に本人の考えを引き出すことができたか，誘導や強制といったことはなかったか，さらに調査手続き上に瑕疵はなかったか，今後も真摯に考えていく必要はあるだろう。

今後の課題としては，本書で明らかになった企業内のソーシャルサポート機能に関して，その効果をより客観的に検証することが挙げられる。またソーシャルサポート機能の限界も踏まえた別の形のサポートのあり方，具体的には企業外の支援機関によるソーシャルワークとの協働のあり方について知見を構築していくことが考えられる。これについては次章に検討をしていく。また就労継続に重要な影響を持つと考えられる家庭についての調査も今後進めていく必要があるだろう。

本調査からわかったこと

本章では，特例子会社で約20年間継続的に就労している知的障害のある社員や，ほぼ同様の期間ともに働いてきた一般従業員へのインタビュー調査をとおして，知的障害者が継続的に就労をするための要因を探索的に明らかにすることを目的とした。その結果，「就労継続促進要因」と「就労継続阻害要因」が明らかになり，特に生活にかかわる問題を明らかにした。また企業内におけ

る①経営環境,②職場環境,③教育環境,④支援環境のあり方も整理した。特に支援環境については既存の6つのソーシャルサポート機能を援用したうえで,それに当てはまらない問題発見機能の重要性と「企業の一般従業員のポジショニングでは困難が伴うサポート」にも着目した。これは先の調査で明らかになった支援の困難感とリンクしており,一般従業員によるソーシャルサポートの限界でもあり,また外部の支援機関によるフォローが期待されるポイントでもある。

それらを踏まえて次章では,今までの知見とソーシャルワーク機能に関する理論を踏まえたうえで,本書の目的である「知的障害者の就労継続に有効な,企業内のソーシャルサポート機能を核にしたソーシャルワーク協働モデルを実証的に構築すること」を目指し,考察していきたい。

注
(1) 4つの基準と具体的な対応方法とは以下のとおりである。
　①「確実性」:分析結果が真実であることの信用性確保のためには「メンバーチェッキング(研究参加者によるチェック)」を行うことが望ましい。
　②「適用性」:研究によって見いだされた概念が,他の状況でどの程度利用可能か。その確保のためには詳しい記述をすることで,他の研究者がその概念を他の状況に適用可能かを判断できるようにする。
　③「一貫性」:「結果の反復性」ともいう。質的研究においては完全な反復性は期待できないが,研究の全過程における決定のプロセスを記述し,他の研究者が意思決定のプロセスをたどれるようにすることが必要である。
　④「確証性」:研究結果が研究者の偏見やゆがみにより影響を受けていないことであるが,その確保のためにスーパービジョンを受ける,他の研究者とディスカッションをするなどが有効である。

第5章
知的障害者の就労継続に有効な支援モデルを考える

　第2章までの先行研究のレビューと第3章，4章の調査を踏まえ，本章では主にソーシャルワーク機能を導入することによって知的障害者の就労継続に有効な支援モデルを提示する。なお，本書においてはあくまで仮説生成の域を脱せず，仮説の検証については別の機会を待つこととする。また就労継続に「有効」かどうかは第4章において得られた知見からその有効性を推測する。つまりA社の実践は実際に7名（創設当初14名のうち）もの20年勤続者を支えてきたことから，その支援は有効であると推測する考え方である。

　第3章では特例子会社内における一般従業員によるソーシャルサポートの実態とその困難感を整理した。さらに第4章では特例子会社A社で約20年就労継続してきた知的障害のある社員や，ほぼ同期間ともに働いた一般従業員へのインタビュー調査をとおして，長期間就労を継続できた要因，特にソーシャルサポートに焦点を当てて整理した。その中で有効と考えられるソーシャルサポートが抽出されるとともに，第3章を踏まえてソーシャルサポートの困難性と限界にも触れ，課題を提示した。

　本章ではその課題を解決するための方策として，ソーシャルワーク理論を導入する。特に2章で整理したソーシャルサポート機能とソーシャルワーク機能の関係に着目し，ソーシャルサポート機能の抱える課題の解決を指向してソーシャルワーク機能との協働のあり方を明らかにしていく。そしてその知見を骨組みとして知的障害者の就労継続に有効な支援モデルを構築していく。論を構築していく根底の考え方としては，まず第4章でみられた企業の一般従業員によるソーシャルサポートの有効性に着目する。あくまでもこの支援モデルにお

いては，一般従業員によるサポートがメインである。次に非専門家である一般従業員によるソーシャルサポートでは困難な部分，限界に着目する。そのうえで，ソーシャルワーク機能を導入し，ソーシャルサポートとの協働のあり方を模索した結果，図5-1のような支援モデルを構築した。以下詳細について論を進めていく。

1　意欲と自己効力感を高めるソーシャルサポート機能と
　　　ソーシャルワーク機能の協働

　第4章における実証研究の結果，渡部（1999）が示した6つのソーシャルサポート機能に【問題発見機能】と【調整機能・生活指導機能】，【代弁機能】を追加し，合計9つのソーシャルサポート機能を提示した（図5-1）。A社の実践の中で就労継続に有効と考えられる特筆すべきサポートは文字が白抜きの枠で示しているが，情報のサポート以外ではすべてA社における実践との結びつきがみられる。身近な存在である一般従業員によるソーシャルサポートが知的障害者の就労継続に有効であることと，一方でその限界についても前章において確認をした。

　まず，就労継続の促進要因である「意欲と自己効力感」を高めるためのサポートについて確認する。それぞれの能力に合った「役割の付与（問12）」といった【地位のサポート機能】，「成果をほめる（問4）」といった【自己評価サポート機能】，働き続けたいという思いをより励ましたり，辞めたいという思いを「相談にのる（問8）」中で励ましたりする【モチベーションサポート機能】にまとめられた。これらのサポートは問題解決のためのサポートというよりも励ましのサポートであるために，サポートする側のハードルは比較的高くないといえるのではないだろうか。

　とはいうものの，地位のサポートをしていくためには障害特性をきちんと理解したり，既存の業務との調整が企業内で必要となったりすることもあるだろう。その時にソーシャルワーク機能の調整的機能が協働できると考えられる。また成果をほめたり相談に乗ったりすることも容易なことのように思えるが，

そもそもそういったことの重要性の認識がない職場や個人に対しては促しが必要であるし，またフィードバックのポイントや方法に関してもわからない場合もありうるだろう。またほめるという行為には上下関係が前提になることが多い。もちろん対等な立場であっても互いにほめあうこともあるが，一般従業員が障害のある社員をほめるという際には意識しようがしまいが，ほめる側が上で，ほめられる側が下というニュアンスが出てくるだろう。そうなると先に入職した知的障害のある社員が，後から入ってきた，まだ信頼関係も構築されていない一般従業員からほめられると，かえってプライドに障り関係が悪くなってしまうといったことも現場では見聞きする。

以上のような場合にソーシャルワーク機能を担う人が一般従業員に示唆を与えること（教育的機能）も有効であるし，また一般従業員とともに障害のある社員の自己評価サポートやモチベーションのサポート（評価的機能）に加わることも有効であろう。

ソーシャルワークの重要な視点としてエンパワメントが重視されている（日本社会福祉士会 2010）。障害のある社員を支援されるべき弱い存在として位置づけるのではなく，その人の持つ力量を引き出すような，すなわち意欲を引き出し自己効力感を高めるようなかかわりを，一般従業員とソーシャルワーク機能の担い手がともに実践していくことが重要である。今回調査に協力してくれたA社の一般従業員は，基本的な姿勢としてむしろ障害のある社員から教わるという考え方がみられた。対等な関係で互いに教わりあい，支えあうような関係が20年の就労継続につながっているのではないだろうか。

2 一般従業員のポジショニングでは困難が伴うサポートにおけるソーシャルワーク機能の協働

A社では一般従業員のポジショニングでは困難が伴うサポートにも取り組んでいたことがわかった。それは【道具的サポート機能】の一部，【調整機能・生活指導機能】【代弁機能】である。困難であると考えられる理由としては，第3章で明らかになった3つの困難感を根拠としている。

図5-1 知的障害者の

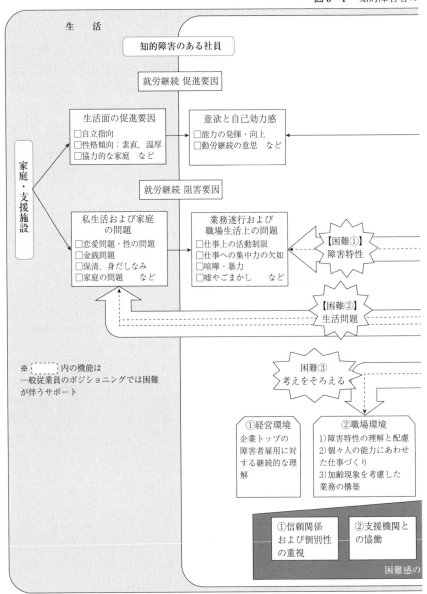

第5章　知的障害者の就労継続に有効な支援モデルを考える

就労継続に有効な支援モデル

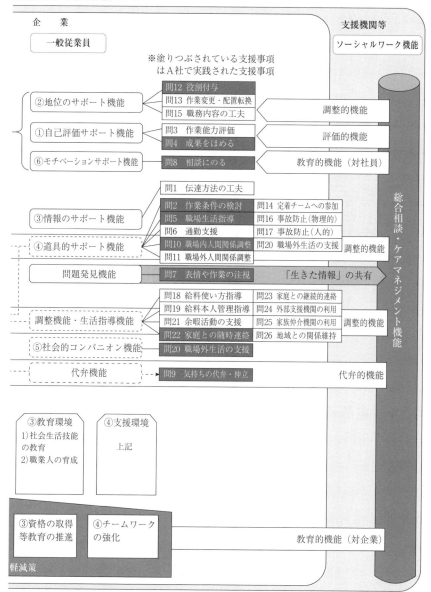

【道具的サポート機能】に関連した問題としては，まず職場において嘘やごまかし，さらにはけんかや暴力といった「職場生活指導（問5）」や職場内の「人間関係調整（問10）」にかかわってくることであり，障害特性への対応への困難感につながっている。これらの問題に対していかにソーシャルワーク機能の担い手が協働して対応するか。発生した問題の内容にもよるだろうが，調整機能が求められるのではないだろうか。嘘やごまかし，けんか，暴力といったトラブルを起こしてしまう原因は様々考えられるが，本人のニーズや背景となる本人を取り巻く環境も含めて専門家としてアセスメントし，問題解決に向けて調整していく必要がある。たとえば業務内容や人間関係，支援体制などといった環境が本人とマッチしていない可能性もあるので，その場合は仲介人（メディエーター）として両者に介入し調整する形で支援に入ることが有効であろう。場合によっては転職や離職の支援も必要である。

家庭や寮との連絡調整や金銭問題の対応，さらには余暇支援といった生活にかかわる支援については，一般従業員のポジショニングでは困難が伴うことが第3章で明らかになっている。これもまたソーシャルワークの調整的機能が有効であると考えられる。生活問題に直接介入することだけでなく，生活支援を専門とする機関との連携，ネットワーキングの役割を担うことも求められるであろう。一方で第3章の調査では生活問題に関する困難感の中に，支援機関との連携の困難（改善が進まない，家族との仲介に入ってもらったが連絡などに時間がかかる，より密なコミュニケーションがほしいなど）がみられることから，ソーシャルワーク機能を担う側と企業側とのよりよい連携のあり方を常に検証していかなければならない。

知的障害のある社員の「気持ちの代弁・仲立（問9）」といった【代弁機能】については考えをそろえる困難感が付随することが明らかになった。A社のO氏は知的障害のある社員の気持ちを代弁して，問題解決のために社長に直訴したことがあったが，第3章の図3-6（前掲）の属性別の困難感では，契約社員などの人々から「上司に言えない，言いづらい職場，理解してほしい」といった結果がみられたように，O氏もまた直訴することは容易ではなかった。そ

のような時には第三者的な立場から代弁することも有効であると考える。企業への必要な働きかけとしては，さらに第3章で提言した3つの困難感の軽減策である，①信頼関係および個別性の重視，②支援機関との協働，③資格の取得等教育の推進，④チームワークの強化，といったポイントに関して，ソーシャルワークの立場から企業に伝えていく教育的機能も重要だと考える。

3　ソーシャルサポートの問題発見機能と情報共有の重要性について

　第4章の調査により得られた重要な知見として，ソーシャルサポート機能の6分類には当てはまらないサポートである【問題発見機能】を明示した。日常の職場生活の中で，知的障害のある社員の普段と違う表情や受け答え，作業ぶりなどから，何かしらの変調や本人からのサインに気づくことができるように「表情や作業の注視（問7）」をすることである。筆者は自らの特例子会社での経験から，一般従業員の持つ「初期情報」と「職場内コミュニケーション」の重要性に着目してきた（上村 2009）。指導員といわれる一般従業員が日々抱えている思いや気づきこそ，職場改善につながる重要な初期情報であると考えた。なぜならば，それらの情報は日々の変化や改善すべき事項など，その職場の現状をリアルに反映した情報だからである。ただし，それぞれが抱く初期情報には，誤解や偏りなども含まれる可能性があるため，それらを鵜呑みにすることはできない。しかし，一般従業員同士の有効なコミュニケーションが成立していれば，そのような情報は修正されることも考えられ，かつ迷いや悩みといった初期情報も職場内の話し合いの中で肯定，修正，疑問の解消などを経て，職場全体の「生きた情報」として共有され，職場改善につながる可能性があると考える。それゆえに一般従業員の持つ初期情報を収集・集約できるような有効なコミュニケーションの場を作ることが重要であり，筆者は実際にそのような提案をして職場改善につなぐことができた経験も得られた。

　さらにソーシャルワーク機能との協働においては，これらの「生きた情報」を必要に応じてソーシャルワーク機能の担い手と共有することが，より有効

評価機能，調整機能につながると考えられる。ソーシャルワーク機能の担い手は往々にして企業外の人が想定される。そういった人たちは普段職場にいるわけではないので，職場における潜在的なニーズをキャッチすることが難しく，また支援の必要な人の詳細な情報も得にくい状況にある。その時に一般従業員からの「生きた情報」は非常に有効であり，ソーシャルワークの重要な機能である「評価的機能」をより効果的に進めることができると考える。さらにいえば，企業の一般従業員とソーシャルワーク機能の担い手とのコミュニケーションの促進にもつながり，よりよい信頼関係構築のきっかけにもなりうると考えられる。

4 総合相談支援とケアマネジメントの必要性について

　上記のようにソーシャルワーク機能を担う支援機関は，知的障害のある社員に直接的に働きかけるだけでなく，その環境因子である企業の人々，家庭・支援機関とも関係構築・介入・連携をしていかなければならないことを鑑みると，総合的で包括的な相談支援機能を継続的に果たすことが求められる。具体的な支援方法としては，ケアマネジメントの導入が必要だと考える。
　長期就労を視野に入れた場合，阻害要因となる様々な問題が発生する危険性が考えられる。問題が発生してからの対応では，問題が深刻化して解決が難しくなる恐れもある。その意味でも前節で述べた「生きた情報」を日常的にやりとりすることも有効ではあるが，問題解決の前提となる信頼関係の構築を考えるとやはり対処療法的なシステムでは心もとない。原則的に本人や家族の「必要と求め」に応じた支援体制，特に総合的，包括的な相談をもとに作成した個別支援計画を展開するケアマネジメント体制を構築し，継続的にモニタリングを行うことが望ましいと考える。その際には第2章第2節でも触れたが，予防的な視点，継続的なモニタリングのための工夫が重要になってくると考える。この点の詳細なあり方については今後研究を進めていく必要があり，本書においてはケアマネジメント導入の必要性を仮説として提示するにとどめるが，生

活も含めた就労継続支援を展開する際に，上記のモデルで示されたソーシャルワーク機能を総合的に展開する必要性，さらに予防的な観点や継続的なモニタリングが必要な点を鑑みるとケアマネジメント機能が重要であると考える。

5　先行研究との対比によるモデルの妥当性の検証

　以上が第4章以前の知見を踏まえて構築した，知的障害者の就労継続に有効な支援モデルである。さらに関連する先行研究と擦りあわせをする中で，モデルの妥当性について検証する。

　まず企業内の一般従業員によるソーシャルサポート機能をモデルの核に据えたことについて，安部（2009）は，自ら企業側の立場として障害者雇用に尽力した経験も踏まえ，雇用した障害者の問題を「原則安易に学校や支援機関等外部に解決をゆだねる性質のものではない」「企業内努力で乗り越えてこそ継続雇用責任（質的雇用義務）を果たすことになる」との見解を示した。知的障害のある社員が継続的に働けるようになるためには，職場の人々との信頼関係が最重要であるという考えのもとに，時間をかけて信頼関係を構築し，日常的な表情，しぐさから問題を発見し，解決の過程においては本人自身に話してもらい，ともに考えるといった自主性，自立性も尊重する。このような実践からも，身近にいる存在であるがゆえにできることがあるとも考えられる。本支援モデルもこのような考えからソーシャルサポート機能を核に据えている。

　しかし第3章で明らかになったように，生活問題への対応の困難感をはじめ，一般従業員のソーシャルサポート機能だけでは限界がある点も否めない。そこで支援機関などによるソーシャルワークとの協働が必要になってくる。中川（2003：51）は，一般就労している知的障害者の抱える問題は「生活全体の中でさまざまな背景と原因により複雑に構成されており，部分に切り離して捉えることは不可能」であるがゆえに，本人と取り巻く環境（家庭・企業・社会）とを「交互作用をもって変化する循環的な関係と捉えて双方に焦点を当てる」ソーシャルワークの必要性を提起している。就労継続のために必要な支援とし

て，具体的には，本人の自立性，自尊心を高める支援であったり，環境に対して信頼関係の構築を促すような支援であり，「仕事を教える技術はもとより，あらゆる人や物をコーディネートしマネジメントする技術を総合的に用いた支援」としている。この知見は以下の点において本書で提示したモデルの後押しとなっていると考える。

・就労継続のための支援は生活全体を捉える視点が必要であり，仕事面のサポートのみならず，生活も含め総合的な支援を前提としている点
・ソーシャルワーク機能を就労継続支援に導入し，ソーシャルサポートと協働していく点
・本人支援においては，意欲を引き出し，自己効力感を高めるような支援を重視している点
・企業支援としてソーシャルワークの教育的機能が必要な点
・本モデルのソーシャルワーク機能は，本人と環境（家庭・企業）双方に介入することを前提とした点

　また意欲やモチベーションに働きかける【自己評価サポート機能】や【モチベーションサポート機能】については，企業内ではなく地域の支援機関が担っている実践報告もみられる。知的障害のある人の就労継続のためには生活支援が必要であり，金銭管理や対人関係などにおいて問題が鬱積して就労継続に支障をきたさないよう，普段から定期的に近況を報告する会を設け，日常的な様子をモニタリングしつつ自己理解の支援を行う場としている（松本ら 1999）。詳細は第**6**章で触れるが，障害者就労支援センターにおいても，仕事が終わった時間やウイークエンドに集まれる機会を作ることによって，問題発見や相談，ピアサポートの場としているところも出てきている。これも【自己評価サポート機能】を補完する評価的機能・教育的機能（対社員）といえるであろう。

　【代弁機能】については一般従業員のソーシャルサポートだけでは十分に機能しないことも考えられる。残念ながら知的障害者が，働いている企業の中で何らかの人権擁護が必要とされる問題を体験していることも報告されている（白井 2000）。そのような時には第三者的な立場から代弁することも有効であ

第5章 知的障害者の就労継続に有効な支援モデルを考える

る。2012年10月に「障害者虐待の防止，障害者の養護者に対する支援等に関する法律」（障害者虐待防止法）が施行されたこともあり，ますます権利擁護の視点はソーシャルワーク実践において重要なポイントとなっている。ソーシャルワーク機能の担い手としては，知的障害のある社員と企業側との良好な関係の構築を支えつつ，権利を侵害する行為には厳然と立ち向かっていく力が求められる（日本社会福祉士会 2010：27）。

最後にケアマネジメント機能についてであるが，既に第2章第2節で触れているが，ライフステージにおける予測可能な危機への対処を意識したケアマネジメントの提案（松為 2002）や，就労している知的障害者の生活支援（たとえば，権利侵害を伴うような問題解決困難事例への支援など）のためには，関係する諸機関が統一見解を持ち協働で支援にあたることが重要であり，その実現のためにケアマネジメントを駆使した実践報告（白井ら 2004）は参考になる。

以上第4章以前の知見および先行研究を踏まえて，知的障害者の就労継続に有効な支援モデルを構築し提言してきた。次章ではこの支援モデルを実際に地域でどのように展開するかを検討し，メゾレベルの提言を試みたい。

第6章
地域における就労継続支援モデルの実現

第5章で提示した支援モデルを,地域においてどのように実現していくかについて考察したい。そのためには現在の障害者雇用施策を押さえ,そのうえで支援モデルをどのように組み込んでいくかを考えていく。

1 現在の障害者雇用施策における就労継続支援の位置について

図6-1に現在の就労支援にかかわる制度を示した。大きく労働行政と厚生行政の領域に分かれている。その中でも以下の機関に着目する。
①厚生行政領域に位置する障害者総合支援法によるサービス体系
②「障害者就業・生活支援センター」
③図中では「NPOなどによる就業支援センター」となっている市区町村の事業である障害者就労支援センター
④自治体独自のジョブコーチ制度
⑤図にはないが,企業OBが中心となって組織する企業支援団体
⑥上記を複合的に運営する機関
　以下,順を追って整理する。

厚生行政領域に位置する障害者総合支援法によるサービス体系
　障害者自立支援法制定時から導入された就労支援関連の制度として,就労移行支援事業,就労継続支援A型・B型などがあるが,ここでは主に相談支援事業と就労移行支援事業に焦点を当てる。

図6-1 わが国における就労支援に関わる制度

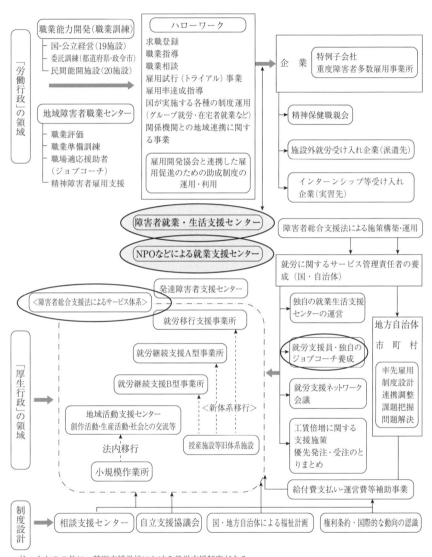

注:なおこの他に,特別支援学校における就労支援制度がある。
出所:社会福祉士養成講座編集委員会(2014)『就労支援サービス 第3版』中央法規出版,36。

第6章　地域における就労継続支援モデルの実現

① **相談支援事業**

　障害者総合支援法上における相談支援事業に関して，主に一般就労している人への支援との関連で整理する。相談支援事業は，障害のある人が自立した日常生活または社会生活を営むことができるよう身近な市町村を中心として総合的な相談支援を行う事業として位置づけられている。そして相談支援事業において障害者ケアマネジメントを行うことが制度化された。ケアマネジメントにより地域生活における個々の幅広いニーズに沿った複数のサービスを適切に結びつけて調整を図るとともに，総合的かつ継続的なサービス供給を確保する役割が期待されている（厚生労働省 2006）。2012 年 4 月より，障害福祉サービスを申請した障害者などに対して，サービスの支給決定前に「サービス等利用計画案」の提出を求め，これらを勘案してサービスの支給決定を行うことになった。このサービス等利用計画の作成は，2012～2014 年度までの 3 年間に，段階的に対象者を拡大し，2015 年 3 月までに原則としてすべてのサービス利用者に対してサービス等利用計画を作成することとされている。そして「指定特定相談支援事業者」が，総合的な援助方針や本人の生活などに関する課題を踏まえ，最も適切なサービスの組み合わせなどについて検討し，サービス等利用計画等を作成する。ただし，ここで注意したいのは，「サービス等利用計画」はただ単に障害者総合支援法に規定された公的なサービスのあてはめの計画ではなく，「障害者（児）の自立した生活を支え，障害者（児）の抱える課題の解決や適切なサービス利用に向けて，ケアマネジメントによりきめ細かく支援するもの」（厚生労働省 2013c）であるということだ。モニタリングも行われることになっており，ケアマネジメントの質の向上は常に問われるポイントになるであろう。

　さて，全国調査（厚生労働省 2013d）によると，2012 年現在，サービス等利用計画作成の相談窓口になっている市町村の指定特定相談支援事業所・指定障害児相談支援事業所数は全国で 2851 事業所で，このうち市町村から障害者相談支援事業委託を受けている所（委託相談支援事業所）は 1691 事業所（59％）。調査対象が 1619 市町村であるので，単純計算で市町村に 1 か所は委託相談支

援事業所が存在することになる。

　相談支援事業者は，現状として就労に関する相談をどの程度受けているのだろうか。上記の調査では，相談内容の内訳は示されていない。なお，市町村の協議会（当時は「地域自立支援協議会」）の構成メンバーについて，公共職業安定所（ハローワーク）所属メンバーがいる協議会は52％，障害者就業・生活支援センターは39％，民間企業は18％であり，また協議会の中で設置している課題別専門部会の課題の種類については就労関係が最も多かったことからも，就労に関連する地域での課題が少なからず存在していることが推測できる。そのほかに相談支援事業者が受けた相談内容における就労に関する割合を示す資料は，全国規模のものはみつからなかったが，静岡市における「障害者相談支援と就労支援の連携」（静岡市HPより）を参考にしたい。2007年度の静岡市内9か所の相談支援事業者における就労支援に関する相談件数（3障害）は1246件であり，総相談件数1万7071件の約7.3％であった。うち知的障害者の就労支援に関する相談件数は159件であり，知的障害者の総相談件数3023件の5.3％であった。支援方法としては，個別支援計画（就労支援計画）の策定，関係機関との連絡調整および支援の進行管理などを行ったうえで，必要に応じてハローワーク，障害者職業センター，障害者就業・生活支援センターなどへ引き継ぐとのことである。その中で障害者就労支援を取り巻く課題として「生活支援との一体的な取り組み」「就職後の定着支援」を挙げており，就職前の準備から就職後の継続的なアフターケアの中で，生活支援も含めたトータルな支援，およびそのための計画の必要性を強調している。

② 就労移行支援事業

　就労移行支援事業は，一般就労等への移行に向けて，事業所内や企業における作業や実習，適性に合った職場開拓，就労後の職場定着のための支援を，最大24か月以内の期間（特に必要性が認められる者には都道府県知事の認可のもと最大1年間の延長可）で展開する。さらに就労した場合，6か月の職場定着支援を行うことになっている。利用期間中は個別支援計画に基づく職場実習や施設外支援等の訓練を実施していくが，その間，支援者側が利用者のことを十分

第6章 地域における就労継続支援モデルの実現

図6-2 就労移行支援と労働施策の連携

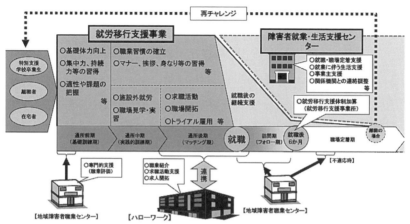

出所:厚生労働省(2013)『障害者福祉施設における就労支援の概要』, 8。

に把握することができる。

就労移行支援事業における就労継続支援の位置づけは,厚生労働省社会・援護局障害保健福祉部の資料に表れている(図6-2)。つまり就職後の就労継続支援については,就労移行支援事業所と障害者就業・生活支援センター等が連携して支援を展開する考え方である。この事業はその名のとおり就労移行に力点が置かれており,就労後6か月より先の就労継続支援は前提とされていない。2年間のかかわりの中で利用者理解,信頼関係の構築に取り組みやすい強みはあるが,就労移行後は実質的には利用者と事業所のフォーマルな関係が途切れてしまうといった制度設計になっているのが,ひとつの特徴といえるだろう。

障害者就業・生活支援センター

障害者の雇用の促進等に関する法律(以下,「障害者雇用促進法」)に規定された制度で,就職を希望している障害のある人,あるいは在職中の障害のある人

が抱える課題に応じて，雇用および福祉の関係機関との連携の下，就業支援担当者と生活支援担当者が協力して，就業面および生活面の一体的な支援を行うとされている（厚生労働省 2013b）。各障害保健福祉圏域に1か所設置していくという目標で，年々設置数は増加傾向にあり，2015年8月1日現在で全国に327か所（東京都は6か所）設置されている。具体的な業務内容は以下のとおりである。
〈就業面での支援〉
・就業に関する支援：就職に向けた相談支援，就職に向けた準備支援（職場実習又は職業準備訓練のあっせんなど），就職活動の支援（ハローワークへの同行など），<u>職場定着に向けた支援</u>（職場訪問による適応状況の把握など）
・障害のある人それぞれの障害特性を踏まえた雇用管理についての事業所に対する助言
・関係機関との連絡調整
〈生活面での支援〉
・日常生活・地域生活に関する支援：<u>生活習慣の形成，健康管理，金銭管理等の日常生活の自己管理に関する助言，住居，年金，余暇活動など地域生活，生活設計に関する助言</u>
・関係機関との連絡調整

　下線で示したように前章で示した支援モデルのソーシャルワーク機能が含まれている。支援計画については以下の2つの策定が求められている（厚生労働省 2012）。
　　(1)訓練等支援計画
・基礎訓練，職業準備訓練，職場実習などの具体的な支援が必要である場合に，訓練方法を示す個別支援計画を策定する
・その際地域障害者職業センターによる職業評価を依頼し，同センターの策定した職業リハビリテーション計画に基づいて策定する必要がある
　　(2)職場定着支援プログラム
・就職後，職場において定着支援が必要と判断される場合に策定するように規

定されている．内容としては，訪問頻度，障害者・事業主に対する指導支援事項，職場不適応の予測と対応方法，役割分担など具体的に記述するとともに，「職場での生活にとどまらず，職場生活に影響を及ぼす日常生活面も視野に入れるよう配慮する」と規定している
・必要に応じケース会議を開催するなどして，多機関の計画との整合性を持った計画にするようにする

さらに生活面の支援については，障害者総合支援法に規定される相談支援事業所がサービス等利用計画を作成することを受け，相談支援事業所との連携を図り対応することとされている．この規定をみると，総合的なケアマネジメントを担う中心機関というよりも，他の機関（地域障害者職業支援センターや相談支援事業所）が作成するプランに整合する形でマネジメントをすることが強調されていると解釈できる．

調査報告によると，様々な支援機関（例：相談支援事業者，地域自立支援協議会，労働関係機関など）と密接に連絡をとっている実態もみられ，地域の中で就労についての調整機能を果たしている．しかし，課題として人材の不足や育成の問題，運営費との関係で，経験年数の浅い職員を配属したり，嘱託もしくはパート雇用で対応したり，さらには法人が肩代わりしたりするなど，厳しい状況が報告されている（日本知的障害者福祉協会相談支援部会 2012；高齢・障害者雇用支援機構障害者職業総合センター 2010）．

障害者就労支援センター

自治体独自の就労支援サービスであり，東京都では「区市町村障害者就労支援事業」として障害者就労支援センターの設置が進められていて，2013年7月1日現在，都全体で52か所，各区市町村に1か所はほぼ設置されている状況である．就労支援センターには，就労支援コーディネーター，生活支援コーディネーターおよび地域開拓促進コーディネーターがいて，障害者の就労支援と生活支援を一体的に行うことで，地域で働くことを支援していくとされている．支援対象は「在宅の障害者，現在福祉的就労をしていて将来一般就労を目

指している障害者，障害者を現在雇用しているが，コミュニケーションがうまくいかないなど悩んでいる企業等」としている。また，地域開拓促進コーディネーターが，個人に着目した支援とは別に就労希望者を積極的に掘り起こしていくとともに，企業側に障害者雇用へのアプローチを行っている。就労面の支援としては，職業相談・職場定着支援・就労準備支援・離職時の調整・職場開拓および離職後の支援・職場実習支援が挙げられており，生活面の支援としては，日常生活の支援・安心して職業生活を続けられるための支援・豊かな社会生活を築くための支援・将来設計や本人の自己決定支援が挙げられている（東京都産業労働局雇用就業部就業推進課 2012）。

東京都社会福祉協議会（2006）がヒアリング調査により東京都の各就労支援センターの支援の事例を報告しているので，就労継続支援に関連する点を以下に挙げる。「本人・企業に対する職場定着支援」については，センター所属のジョブコーチが定期的に企業に訪問したり，また本人が気軽に来所できる場を設定したりすることにより，状況の把握や生活支援を行っている。やはり職場定着の危機は生活支援の必要性から生じることが多いとの認識があり，スケジュール管理，金銭管理，余暇支援，健康管理，危機管理などを機関の連携で行うとともに，リフレッシュのための場づくりや将来設計への支援が行われている。取り組み例のうち，本書のテーマに関連するものを以下に示す。

・働く障害者の余暇支援，仲間づくりとして月に1回，福祉喫茶を利用したサロン事業や年2回の交流会を実施している（港区障害者福祉事業団）
・月に1回，実行委員会を中心とした余暇活動を支援している（げんき品川）
・支援の必要性が顕在化しないままになることも多いので，掘り起こしに力を入れている。隔月の機関誌の発行，連絡のない人への電話作戦のほか，パソコンによるゲームソフトや本人向けの図書を配架することによって気軽に来所できることを支援している（世田谷区就労障害者生活支援センタークローバー）
・月2回18〜20時に仕事帰りに立ち寄れるたまり場を開催。また3年に1回『未来マップ会議』を開催し，地域での自立生活に向けての支援計画を立案

第**6**章　地域における就労継続支援モデルの実現

している（練馬区障害者就労促進協会）

　そのほか生活を支えるために福祉事務所と密に連絡をとれる工夫やショートステイなどの区のサービスの利用ができるような支援を行っている例がみられた。上記の取り組みはいずれも気軽にリフレッシュに来られる場の運営である。世田谷のクローバーが表現しているように「支援の必要性の掘り起こし」つまりより積極的な「評価的機能」であるニーズキャッチを担っている点で非常に興味深い。クローバーはこれだけでなく，余暇活動の機会として知的障害者のグループ活動や自主的活動の場も設けており，定例会やイベントを開催している。このような場はピアサポートの場にもなりうると考える。元々このセンターは，同じ世田谷区内の就労支援センター「すきっぷ」から就労をした人たちの生活支援の必要性が高まったことがきっかけとなり設立された，就労継続に力点を置いた施設である。卒業した支援機関でも言いにくい愚痴を気軽に言える場としての位置づけで，その中で職場を交えて解決を図るべき課題が明らかになった場合は，本人の了解のもと，就労支援機関をとおして職場に課題を持ち込むようにしているとのことである。また企業に対する働きかけとして，障害理解や障害者とのコミュニケーションスキルについての提言も行っている。

自治体独自のジョブコーチ制度——東京ジョブコーチ職場定着支援事業

　東京都で実施されている東京ジョブコーチ職場定着支援事業を例に紹介する。この事業が2008年に設立された背景としては，障害者就職者数の増加に伴う職場定着支援のニーズが高まり，国が認定するジョブコーチの絶対数が不足していることがあり，都独自にジョブコーチを養成し職場定着支援を実施している。企業や障害者本人，支援機関等からの職場定着支援の依頼を受け，コーディネーターをとおしてジョブコーチを派遣するが，職場定着を図るための「課題解決型」の支援方式である。つまりコーディネーターとジョブコーチによるインテーク，アセスメントを経たうえで課題を設定し，20回以内を目安に職場定着支援を実施することになっている。依頼内容の傾向としては，障害のある社員の作業上の問題や，対人関係やマナーといった職場生活上の問題等に対

して，企業側がどのように対応してよいかわからないといったことが挙げられる。支援回数が基本的に20回以内と制限がある課題解決型の支援となっているため，長いスパンのかかわりが必要となってくる生活問題の対応などは支援内容には基本的に含めない。あくまでも職場定着の支障となる問題で，かつ20回の支援で収まるような職場内での問題に焦点を絞って支援内容が決まる。また支援が終結した後6か月後に定着の確認のために訪問をして，再度支援が必要な状況と判断された場合にはまた支援に入ることもできる。この事業は既存の就労支援制度のすきまを埋めるような位置づけにあるのが特徴である。国のジョブコーチが支援に入れない場面（就職に向けた職場実習や委託訓練，国家公務員に対する支援など）をカバーしたり，早急に対応したい時の迅速な対応などにも強みを発揮している。

　この事業は，就労継続支援という観点においては，限定した役割を担う位置づけになるだろう。20回という支援回数の制限もさることながら，支援開始前の支援対象者とのかかわりが基本的に一切ないため，支援対象者に関する理解や信頼関係の構築が十分でない状況で支援を開始するような問題も出てくる。現在のソーシャルワークの潮流である総合支援とは全く性質を異にする，限定的でニッチな役割を担う制度設計となっている。

企業出身者が中心となり展開する企業支援団体

　主に障害者雇用の先駆けとして実績を上げてきた人々が中心となり，その経験を生かし企業の障害者雇用推進を支えるための相談や特例子会社設立などのノウハウ，研修会などを実施している民間団体である。有名な団体としては，神奈川県のNPO法人障害者雇用部会や東京都の一般社団法人障害者雇用企業支援協会（略称：SACEC），埼玉県障害者雇用サポートセンターなどがある。

　中でもNPO法人障害者雇用部会は先駆け的な存在で，数々の特例子会社の設立を支援し，知的障害者の雇用促進に大きく貢献した存在である。その考え方としては雇用側（企業），育成側（学校や福祉施設），支援側（支援機関）が連携して一体となって支援をしていくことだが，特に雇用側を中心に考えること

が特徴といえる。具体的には，障害者雇用の促進にあたっては福祉的なアプローチありきではなく，働く場の創出および安定を重視する。その際作業については企業側がプロであり，業務の組み立てなどについては支援側のジョブコーチ的なアプローチには否定的である。ただ，障害特性の理解などについてはアドバイスが必要なので，支援側，育成側はそういった意味の専門家として雇用する企業を支援するべきとの考え方である（土師 2007）。

これらの組織は，障害者本人に対する直接的な就労継続支援を担うというよりも，障害者にとっての重要な環境因子である企業への支援が期待される。就労継続支援を展開する際に，企業の文化に精通している強みを他機関との連携の中で発揮することが重要な役割になると考えられる。

複合的な事業展開と多機関の連携

これまで各事業について個別に触れてきたが，実際は同一法人の中で就業・生活支援センター事業，就労移行支援事業，職場適応援助者による支援事業，さらに就労継続支援A型事業，就労継続支援B型事業，生活介護，自立訓練等の障害者自立支援法上の事業など，相互の事業を連携させ展開しているところが多い（高齢・障害者雇用支援機構障害者職業総合センター 2010：183）。世田谷区就労支援センターのすきっぷやクローバーもそうであるし，NPO法人障害者雇用部会も社会福祉法人電気神奈川福祉センターの中の一組織であり，同法人においてはこのほかに就労移行支援事業，就労継続支援B型事業の認可を受けた多機能型施設を運営して，訓練，就職，職場定着，離転職支援といったことを一体となって進めている。

知的障害者の就労継続支援においては様々な事業が展開されており，それぞれの役割を果たしつつもさらに連携していくことによって，有機的に必要な支援を展開していくという考え方が根底にあることが確認できた。

2　支援モデルの実現性についての検討

　第5章で示した知的障害者の就労継続に有効な支援モデルの地域における実現性を検討する。まずソーシャルサポート機能を担う一般従業員の役割について，次にソーシャルワーク機能を担う機関のあり方について整理し，支援モデルの実現性を提起していく。

ソーシャルサポート機能を担う一般従業員の役割

　第3章で26項目の支援事項の支援経験・役割認識が主に管理職か非管理職か，または性別によって差が出ることが明確になった。そしてこれは仮説の域を出ないが知的障害のある人とともに働く一般従業員の意識を構造的に示していると考える。少なくともこの知見を踏まえて一般従業員によるソーシャルサポート機能をどのように果たしていくべきか検討したい。

　非管理職の女性は，職場外支援や雇用管理的な支援の経験がなく，役割認識についても26項目中20項目は自分の役割ではないと考えており，〔問1　伝達方法の工夫〕〔問4　成果をほめる〕〔問5　職場生活指導〕〔問7　表情や作業の注視〕については役割認識がある傾向が示唆された。つまり【情報のサポート機能】，【自己評価サポート機能】の一部，【道具的サポート機能】の一部，問題発見機能をメインの役割として担うことは期待される。

　管理職・男性については，職場外支援や雇用管理的支援，つまり【道具的サポート機能】【調整機能・生活指導機能】に役割認識・支援経験ともにありと答える傾向がみられた。しかし，これらはいずれも一般従業員のポジショニングでは困難が伴うサポートであるため，あくまでも遂行可能な範囲を超えた場合には支援機関などと連携して解決していくことが望ましいと考えられる。

ケアマネジメント機能を担う相談支援事業所の役割の重要性

　次に支援モデルのうちソーシャルワーク機能の実現性について考察する。図

6-3に各機関の現状を踏まえて，支援モデルとの関連を示した。現状として各機関が担っている支援機能の度合を，筆者が上記のレビューなどをもとに推測し，強い順に◎⇒○⇒△⇒空白と示している。これをみると，作業支援・職場生活支援が手厚くなっている反面，生活支援については手薄になっていることがうかがえる。

支援モデルとの関連で最も注目したいのがケアマネジメント機能である。現状を踏まえると知的障害者の就労継続支援に必要なケアマネジメント機能を中心的に担える可能性があるのは相談支援事業所だと考える。その理由は以下のとおりである。

・法律によりケアマネジメント（サービス等利用計画）策定が義務づけられているから（詳細は前節参照）
・事業所が多数存在（統計上は市町村に1か所）しており，生活に密着しているから
・全国レベルの展開がなされているから

東京都で実施されている障害者就労支援センターについても個別支援計画の策定が要綱で位置づけられており，かつ市区町村にほぼ1か所以上は存在しているため同様の機能を果たすことも可能と考えられる。ただし自治体独自の事業なので全国的にみると地域差が出ることが推測できる。また就労支援を前提にした仕組みであるため，生活支援も含めたケアマネジメントを担うことは基本的には難しいのではないかと考える。

障害者就業・生活支援センターに関してはまず圧倒的に設置数が少ない（2015年8月1日現在で全国に327か所。東京都は6か所）。また全体の相談件数や精神障害・発達障害者の相談割合は上昇しているものの，知的障害者の相談割合は減少傾向にあることから（地域の就労支援の在り方に関する研究会 2012），就労支援に関して実績の少ない障害種別への対応が求められていることが推測できる。さらに同報告書ではセンターに求められる役割として，生活面の支援も含めた就労継続支援や地域支援ネットワークの構築等を提示しつつも，現在の体制では困難があり，体制の強化を指摘している。一方で生活面の支援につ

図6-3 支援モデルと現状の制度との

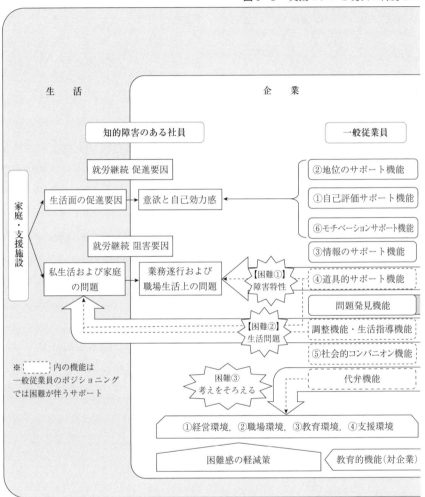

注:現状として,各機関が担っている支援機能の度合を筆者が推測し,その強い順で◎⇒○⇒△⇒空白と示し

第6章 地域における就労継続支援モデルの実現

関連

ソーシャルワーク機能	労働行政の領域			厚生行政の領域	
	ハローワーク	障害者就業・生活支援センター	課題解決型ジョブコーチ	企業支援機関	就労支援センター(自治体)	障害者総合支援法の相談支援事業
調整的機能						
評価的機能	○	○	○		◎	○
教育的機能(対社員)						
調整的機能		◎	◎	○	◎	△
情報の共有						
調整的機能		◎			◎	
代弁的機能	○	○	○	◎	○	△
教育的機能(対企業)						
ケアマネジメント		○			○	◎

ている。

いては「今後，相談支援事業所が，福祉サービスを利用する障害者に対する第一線の機関としての幅広い役割を果たすことが期待される」と明記している。

以上のことからも，今後は知的障害者の生活面も含めた就労継続支援において，特にケアマネジメント機能を担う中核的な存在として相談支援事業所の役割が重要になってくると考える。

少し視点を変えるが，介護保険制度における地域包括支援センターの仕組みが参考になるのではないか。地域包括支援センターは2006年4月の介護保険法の改正に基づいて設置され，「地域住民の心身の健康の保持及び生活の安定のために必要な援助を行うことにより，その保健医療の向上及び福祉の増進を包括的に支援することを目的とする施設」（介護保険法第115条の46）とされている。そして期待する中核的機能として「介護予防ケアマネジメント事業」「総合相談・支援事業」「権利擁護事業」「包括的・継続的ケアマネジメント支援事業」が位置づけられている。岩間（2011）は，地域包括ケアの推進に向けて強化すべき総合相談機能として，「広範なニーズへの対応」「本人に合致した援助システムの形成」「地域住民の参画の促進」「予防的アプローチの促進」の4つを挙げている。

障害者の就労継続支援については，就労支援だけでなく生活支援も含めた総合的な支援でなければならないことは既に確認している。多機関の連携により必要な支援を提供していくことも重要であるが，総合相談機能を担う機関を地域の中で位置づけて，ケアマネジメントによる労働と生活を統合的に支援する体制を明確に構築する必要もあるのではないか。

その他のソーシャルワーク機能を担う各機関の課題と強み

前節の静岡市の相談支援事業所の例をみても，就労継続支援の現在の実績は決して多いとはいえず，全国的にも同じ傾向があるのではないか。就労に関連した相談は就労支援機関との連携をすればいいだけではなく，より効果的なケアマネジメントを展開するために就労継続支援関連のノウハウを蓄積していく必要があるだろう。

第6章 地域における就労継続支援モデルの実現

　各機関の弱みの部分を少しでもなくしていくことも重要であろう。たとえば課題解決型のジョブコーチは生活支援については支援対象としないことが前提になっているが，本当にそれでよいのだろうか。筆者は東京ジョブコーチのジョブコーチに籍を置き支援を経験してきたが，やはり生活面にかかわる問題を無視できないケースに少なからず出会ってきた。特に困難ケースの場合その傾向が強くみられる。その際には就労支援センターと協力し合って家族と面談をしたり，余暇にかかわる情報提供や関連機関を紹介したりもしてきた。20回以内の支援という制限がある中で，ジョブコーチ単体で生活問題を抜本的に解決することは難しいところは否めないが，重要なことはアセスメントやプランニングにおいて生活も含めた総合的な視点を持つことではないだろうか。仮に作業面や職場生活面において問題がみられたとしても，その背景は非常に複雑であり，生活面での不安や仕事に対するモチベーションの問題が原因となっていることもある。そのような視点なしで作業スキルに特化した支援を展開しても効果は得られないのは明らかである。生活も含めた総合的な視点で臨んだうえで，自分の機関で役割を果たすことが難しい点については他機関との連携の中で引き継いでいくといった姿勢を持つことがまずは大切であろう。各機関の弱みの傾向のひとつとして，福祉系の機関は企業への支援について，逆に労働側の機関については生活面の支援について弱みがあるといえるのではないか。今後各機関において研鑽を積み，総合的視点を持てるような研修の機会も必要となってくると考えられる。

　現状の素晴らしい実践にも改めて着目したい。世田谷区のクローバーのように就労継続に特化した事業展開は，ひとつのモデルになるのではないか。特に息抜きができる場の設定や同じように就労している人々とのセルフヘルプ活動の展開は，就労を継続する中で発生するあらゆる問題を未然にキャッチし支援に結びつけていく第一歩となることが期待される。また職場から離れたところで自己の仕事を普段と違った形で前向きにみつめなおすことができれば，自己効力感が上がりモチベーションの向上にもつながるであろう。さらにいえば，そのような労働力再生産的な発想を超え，自らが休まったり楽しめたりする空

間があることによりその人のウェルビーイングが向上することも期待される。このような実践ができる障害者就業・生活支援センターや障害者就労支援センターが地域において十分に整備され，満足いく経営環境の下に優秀な支援人材が集まることを期待したい。

終　章
ソーシャルワーク機能とソーシャルサポート機能の協働

1　知的障害者の就労継続に有効な支援モデルの構築

着目したポイント

　知的障害者の一般企業への就職者数は年々伸び続けている。これまでは障害のある人々がどうしたら就職できるかという課題が注目され続けてきたが，ようやくその成果が表れてきたともいえるだろう。もちろんそのテーマが引き続き重要であることには変わりはないが，次はいかに長く働き続けるか，そしていかに充実した働き方ができるかという課題にシフトしてきたのではないか。そのために我々はどのような支援ができるであろうか。

　本書では，一般就労している知的障害者の就労継続支援のあり方に焦点を絞り，「知的障害者の就労継続には，企業内のソーシャルサポート機能を核にしたソーシャルワーク協働システムが有効である」という理論仮説を設定し，さらには調査の際には特例子会社を調査フィールドとして設定した。知的障害のある人が就労を継続していくためには様々な課題が考えられるが，特に対人関係がポイントとなってくる。そういった意味でも普段ともに働く一般従業員という身近な存在が重要であり，その人たちによるソーシャルサポートに着目することとした。

　まずは知的障害者が雇用されている特例子会社の一般従業員の支援実態およびその困難感の構造を明らかにすることを目的として，首都圏にある特例子会社11社の一般従業員61名を対象に質問紙調査を実施し，質的データ分析法を

用いて構造を分析した。その結果，一般従業員が様々な困難感を抱えつつ，チームを組んで職場内でのサポートをメインに試行錯誤しながら取り組んでいることが明らかになった。困難感については，①障害特性への対応の困難感，②生活問題への対応の困難感，③考えをそろえる困難感に分類され，さらに一般従業員の属性との関連を分析したことにより立場による困難感の違いや共通点を明らかにした。それを踏まえ困難感の軽減策として①信頼関係および個別性の重視，②支援機関との協働，③資格の取得等教育の推進，④チームワークの強化，を提示した。

　次に，知的障害者の就労継続に関する成功事例を対象として丹念に調査・分析することにより，新たな知見を構築していくことを目指しインタビュー調査を行った。調査対象はグッドプラクティスを展開している特例子会社A社において約20年間継続的に勤務してきた知的障害のある社員や，ほぼ同様の期間をともに働いてきた一般従業員であった。この調査では知的障害者が就労を継続するための要因を探索的に明らかにすることが目的であった。その結果，「就労継続促進要因」と「就労継続阻害要因」が明らかになり，特に生活にかかわる問題が明らかになった。また企業内における①経営環境，②職場環境，③教育環境，④支援環境，のあり方も整理した。特に支援環境については，既存の6つのソーシャルサポート機能を援用したうえで，それに当てはまらない問題発見機能の重要性と「企業の一般従業員のポジショニングでは困難が伴うサポート」にも着目した。これは先の調査で明らかになった支援の困難感とリンクしており，一般従業員によるソーシャルサポートの限界でもあり，また外部の支援機関によるフォローが期待されるポイントでもある。

支援モデルの構築

　これらの知見を踏まえ，図5-1（前掲）のように，本書の最大の目的である知的障害者の就労継続に有効な支援モデルを構築した。このモデルのポイントは以下の4つである。

　①　障害のある社員の意欲と自己効力感を高めるソーシャルサポート機能

(地位のサポート機能,自己評価サポート機能,モチベーションサポート機能)とソーシャルワーク機能(調整機能,評価機能,教育機能,ケアマネジメント機能)の協働

② 一般従業員のポジショニングでは困難が伴うサポート(道具的サポートの一部,調整機能・生活指導機能・代弁機能)における,ソーシャルワーク機能(調整的機能・代弁機能,教育的機能,ケアマネジメント機能)の協働

③ ソーシャルサポートの問題発見機能と情報共有の重要性

④ ケアマネジメント機能による生活面も含めた総合的な就労継続支援

第6章では上記の支援モデルを地域においてどのように実現していくかについて考察した。ソーシャルサポート機能に関しては,第3章の調査で明らかになった一般従業員の支援に関する意識構造(支援経験や役割認識の有無と属性との関連)をもとに役割分担を提示した。非管理職・女性については情報のサポート機能(伝達方法の工夫),自己評価サポート機能の一部(成果をほめる),道具的サポートの一部(職場生活指導),問題発見機能(表情や作業の注視)をメインの役割として担うことが期待される。管理職・男性については職場外支援や雇用管理的支援を担うことが期待されるが,これらは企業の一般従業員のポジショニングでは困難が伴うサポートであるため,遂行可能な範囲を超えた場合には支援機関等と連携して解決していくことが望ましいと考えられる。

ソーシャルワーク機能の実現性のポイントは就労継続支援においては,労働面の支援だけでなく,生活面の支援も含めた総合的な支援でなければならない点である。その意味でケアマネジメントの作成が義務づけられており,全国的にも市町村レベルに存在する相談支援事業所の役割が今後ますます重要になってくると考えられる。その他,既存の制度においては労働行政領域の「障害者就業・生活支援センター」や自治体独自の「就労支援センター」が生活面も含めた就労支援をすることになっているが,設置数や人材の確保といった運営面で課題がある状況である。そのため多機関の連携による支援の提供が必要になってくる。知的障害者の就労継続支援におけるソーシャルワーク機能の重要なポイントとしては,就労支援と生活支援の両方を視野に入れたケアマネジメン

トによる，総合的で包括的な支援が提供されることだと考える。

知的障害者の就労継続に有効な支援モデルの構築プロセス

ここで改めて，支援モデルが本書においてどのようなプロセスを経て構築されてきたかを振り返る。

まず第3章の表3-1「26項目の支援事項」を操作的に定義し調査を行ったが，この支援事項がモデルの構築のスタートといえるであろう。第3章ではこの支援事項の実態を一般従業員の属性（特に性別や管理職か否か）との関連で構造的に整理し（図3-2，3-4），併せて各支援項目と困難感の対応関係，および困難感と属性との関連を整理した（表3-3，図3-6）。

第4章のインタビュー調査の分析においては，まず就労継続の促進要因・阻害要因とそれらに影響を与えた企業側の環境（①経営環境，②職場環境，③教育環境，④支援環境）を中心にまとめた。そして知的障害のある社員の個別事例を残して模式図にしたのが図4-1である。就労継続に影響を与える要因として，企業内だけでなく，生活面の事象も強く影響していることが個別の事例から明らかになった。ソーシャルサポートの枠組みについては，第3章では支援実態を詳細に把握するために，より現場実践に近い枠組みとして26項目の支援事項を用いたが，第4章ではソーシャルサポート機能とソーシャルワーク機能との関連を意識して渡部のソーシャルサポート機能を理論枠組みとして援用した。なおその枠組みでは説明できない機能（問題発見機能，調整機能・生活指導機能，代弁機能）を新たに提起した。図4-2では，分析・考察を経てより抽象度を上げている。個別の要素をより大きなカテゴリーでまとめ，また第3章で得たサポートの困難感を関連づけて「一般従業員では困難が伴うサポート」にも触れた。

第5章では，ソーシャルサポート機能の限界を踏まえ，第2章で整理したソーシャルサポート機能とソーシャルワーク機能との関連性から，両機能の協働を提起した。それを反映して最終的な支援モデルとして構築したのが図5-1である。両機能の協働の具体的な手段として情報の共有の重要性にも触れ，

一般従業員による問題発見機能（表情や作業の注視）により発見した問題などを「生きた情報」としてソーシャルワーク機能の担い手に共有することもモデルに組み込んだ。

「目的・価値・哲学」と支援モデルの整合性

序章では「社会福祉学の性格と構造」の枠組みを踏まえて先行研究をレビューし、図序-4のように本書のテーマおよび枠組みを整理した。改めてこの枠組みと本書の章立てとの対応を図で示すと図終-1のようになる。この図の中で支援モデルは実践・臨床科学のうちミクロレベルに位置する。第3章、第4章の調査を経て第5章において本モデルの構築に至ったが、ここでは本モデルが序章でまとめられた目的・価値・哲学とどのように整合性がとれているかについて論じる。

① 人間本位の労働

本モデルは就労継続の促進要因として、知的障害のある社員の意欲と自己効力感を重視している。これは人間本位の労働の考え方と通じるのではないか。第4章の調査でB氏が20年間働き続けられた要因として「少しずつ成長してきた」という点を挙げていた。成長の実感が「喜びややりがい」につながっていき、定年退職以降もその職場で働き続けたいという気持ちを持ち続けられる。そしてそれを促進するような一般従業員のかかわり（ほめる、励ます、能力を生かすなど）、つまり【地位のサポート機能】【自己評価サポート機能】【モチベーションサポート機能】を展開することによって就労継続につながっていく。「人に愛されること」「人にほめられること」「人の役に立つこと」「人から必要とされること」という人間の究極の幸せは働くことによって得られる（大山2009）ことを示した事例である。

② 生活面も視野に入れた就労継続支援

本モデルの大きな特徴として、就労継続のためには労働面のサポートだけでなく生活面のサポートも統合的に行う必要性を提示したことである。仕事面や職場内の対人関係といったことだけでなく、私生活や家族の問題も視野に入れ

図終-1 本書の枠組みと構成

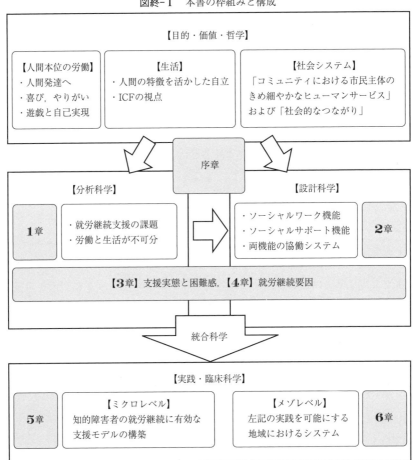

終　章　ソーシャルワーク機能とソーシャルサポート機能の協働

て総合的包括的なケアマネジメントを展開していく。その際にはソーシャルワークの視点である本人の自立性も尊重する実践がなされるべきである。第**1**章ではICFおよび生活構造論を援用して一般就労している知的障害者の生活構造（試案）を示したが，アセスメントのポイントとして実用化できるように，今後より検証していく必要があるだろう。

③　**コミュニティにおける市民主体のきめ細やかなヒューマンサービスおよび社会的なつながり**

　一般従業員によるソーシャルサポート機能を核に据えた点は，市民主体のきめ細やかなヒューマンサービスを重視する考え方が反映されている。日常的にかかわりを持っているがゆえに有効な働きかけができる可能性は十分に考えられるし，第**4**章の調査によりその有効性は確認できた。企業というコミュニティにおいて一般従業員が主体的にきめ細やかなソーシャルサポートを展開することが，就労継続支援には欠かせないと筆者は考える。

　とはいっても，一般従業員にすべて問題解決をゆだねるのは困難であることは第**3**章からも明らかになった。そこでソーシャルワーク機能との協働が有効になってくると考えられるが，専門家と非専門家の社会的なつながり，つまり連携やネットワーク構築といった重要性も本モデルには含まれている。

2　知的障害者の就労継続に有効な支援モデルの構築によって得られた意義

　本書では，2つの調査（本書第**3**，**4**章）により，実証的に知的障害者の就労継続に有効な支援モデルを構築することができた。それにより以下のことがみえてきたと考える。

　〇労働面だけでなく生活面も含めた支援の必要性とその難しさ。さらに企業内の一般従業員によるソーシャルサポートとソーシャルワークとの協働の必要性を明確化することができた
　〇約20年もの長期にわたり働き続けることができた要因
　〇そのために有効だった支援ノウハウとその限界

○知的障害のある社員本人たちの力と可能性
○非専門家でありながら懸命に支えようとする一般従業員の熱意

　いずれの調査も，特例子会社という企業と福祉が混在するがゆえの難しさを持つ組織の中で，日々懸命にそれぞれの役割を担って働いている人々からご協力をいただくことができた。この研究の成果を改めてご協力いただいたみなさまに共有したいと考えている。第4章での調査にご協力いただいた一般従業員3名はすでにA社を退職されているが，この研究の成果をみて改めてこんなに素晴らしい実践をされていたということを思い返していただく機会になるのではないだろうか。さらにその経験を障害者雇用に関係する後進の人々と共有することにより，現実的に役立つノウハウが伝わり，障害者雇用のさらなる発展に寄与できるであろう。また知的障害のある人にとっても自らの成長と働き続けることの素晴らしさを実感できるきっかけになると幸いである。

　研究の独自性としては，ソーシャルワーク機能とソーシャルサポート機能の理論的な融合を試みて，それを理論枠組みとして用いたことだと考える。協働や連携といったことの必要性は頻繁に聞かれることではあるが，実際の実践をもとにした生のデータを使用して理論枠組みを強化し，具体的にどのような問題に対して，どのような必要性のもと協働していくかという知見を示すことができた。このノウハウもまた障害者雇用の継続的な発展に貢献できるのではないかと考えている。

　また約20年間働いてきた知的障害のある社員本人へのインタビューができたのも，ほかの研究ではみられないことである。自己表現に制限がある人もいて，果たしてご本人たちが持つ思いにどれだけ迫ることができたかは何とも評価しがたいことではある。しかしご自身では表現できなかった思いも同じように日々働いているほかの人が代弁してくれているかもしれない。20年の就労継続に敬意を抱きつつ，本研究で得られた知見を今後フィードバックしていきたい。

　最後に本書で提示した支援モデルの汎用性であるが，主に第3章，第4章での調査で得られた知見から構築したモデルであり，その調査対象がいずれも特

終　章　ソーシャルワーク機能とソーシャルサポート機能の協働

例子会社であったことからも，あくまで特例子会社で使われるモデルとして位置づけられるだろう。さらに調査対象の仕事内容は親会社の施設の清掃や業務の補助であり，関連企業内で完結する仕事である。つまり外部の顧客との業務上の接点はほぼない業種であるため，モデルの汎用性としてもこの域を出ないだろう。

　本モデルは特例子会社ではない一般企業にも活用できるか否か。序章の第4節および第1章第1節の表1-1で示したが，特例子会社の特徴として，障害のある社員が多くの割合を占めることが挙げられる。逆に特例子会社でない一般企業においては障害のある社員の割合は特例子会社に比べかなり低いが，この点がどのように影響するか。ソーシャルサポートの担い手が多いため，よりきめ細かいサポートが可能になることも考えられるが，いずれにせよ検証が必要であると考える。

3　今後の課題

　2つの調査ともに仮説生成型の研究であり，信頼性，妥当性については今後検証していかなければならない。しかし，特に第4章の研究のように「約20年働き続けてきた知的障害のある人」といった条件に合致するサンプルを大量に集めることは至難の業である。そういった意味では量的な調査による仮説の検証を待つよりも，今回得られたデータを今後も検証し続け，また量はそろわなくても少しずつサンプルを増やして研究を進めることにより，少しずつでも信頼性を高めていくアプローチの方が現実的かもしれない。

　今回のテーマはソーシャルサポート機能が核になるとはいえ，ソーシャルワーク機能も重要な位置を占めている。にもかかわらず2つの調査では，ソーシャルワーク機能を担う人を対象に調査することができなかった。A社についてはまだ就労支援機関が今ほどなかった時代からの実践であるため，ソーシャルワーク機能を担う人が外部にいたわけではなく，一般従業員がそのポジショニングを超えた形でソーシャルワーク機能すらも担ってきたので，調査の際に

"ソーシャルワーカー"という立場の人と出会うことができなかった。現在は各種就労支援機関もかなり設置されており，ソーシャルワークに基づく就労支援を展開している専門職も現れてきている。今後はその人たちからも就労継続に関する経験とノウハウを分けていただく機会を作っていきたいと考えている。

その際には，ソーシャルワーク機能，特にケアマネジメント機能のより効果的な展開に結びつくようなアセスメントやモニタリングのあり方についても考えていく必要がある。第**2**章でも触れたように，一般就労している知的障害者のケアマネジメントの際，予防的機能や継続的なモニタリングをいかに実現するかが重要になってくるので，今後さらに研究を進めたい。

最後に，「労働と生活を統合的に支えるソーシャルワークのあり方」に関して，筆者が考える今後の方向性と課題について，大きく2点論じる。1点は，労働分野および福祉分野の歩み寄りの提言と，もう1点は，専門家と非専門家，支援する側と支援される側，といった線引きを固定的に捉えるのではなく，個別性を重視した柔軟な支えあいを展開することの重要性である。

まず1点目の労働分野および福祉分野の歩み寄りについて述べる。そもそも「労働と生活を統合的に支えるソーシャルワークのあり方」というテーマは，労働分野と福祉分野，言い換えれば，企業と支援機関，職場内と生活場面，といった異なるフィールドが関わってくる。それがゆえに，本書で提示したモデルを実際に展開する際の重要なポイントとして，異なった枠組みをいかに飛び越え，協働していくかという課題がある。この課題に関連して，「①求めと必要と合意に基づいた実践の重要性」「②分野を超えた普段からのネットワーク構築による互いの理解促進」といったポイントについて触れたい。

「①求めと必要と合意に基づいた実践の重要性」についてだが，そもそも企業と福祉の協働の必要性については，本書において実証的に提示してきた。つまり，一般従業員の支援実態と困難感に焦点を当て，2つの調査を通して，企業内のソーシャルサポートの限界を明らかにするとともに，ソーシャルワークとの協働に基づく支援モデルを構築したことでその必要性を表してきた。しかし，協働する際の導入部分において注意をする必要がある。それはソーシャル

ワークを担う側が支援に入る際の意味づけである。なぜ外部の人が企業で働いている人の支援に入るのか。単に「障害があるから」「上司が支援を依頼してきたから」というだけでは理由としては弱い。支援を受ける本人は，職場の中で自分だけ外部の人に支援を受けることに対するスティグマを感じることもあるだろうし，その後の職場内での立場にもかかわりかねない事態である。また本人は望んでいても，職場関係者がその必要性を理解していない場合も考えられる。誰が，どのような課題を抱え，どのように解決していくことを望んでいるのか。そのためには，インテーク段階で本人や職場関係者，場合によっては家族や支援者等の関係者と十分に協議をして，ニーズを的確にアセスメントしていかなければならない。まさに「これからのソーシャルワーク実践においては，福祉サービスを必要としている人の"求め"と専門家による判断である"必要"と，その両者による"合意"に基づく実践」（大橋 2005：13）が問われる。特に分野を超えた実践であるがゆえに，その必要性は厳しく問われてくるといえるだろう。

　次に，「②分野を超えた普段からのネットワーク構築による互いの理解促進」だが，企業と支援機関の接点としては，支援を必要とする人に対する個別支援の展開が最もオーソドックスなきっかけであろう。しかし，それだけでいいのだろうか。筆者の経験上，企業側と福祉側とがお互いをより理解しあう余地があると感じている。かつて企業の人たちだけが集まる障害者雇用に関する勉強会に参加した時には，以下のような意見が聞かれた。

・あるジョブコーチは，こちらの背景も知らず仕事の進め方について口を出してくる。われわれ職員の方が仕事や職場のことについてよくわかっているので，口を出さないでほしい。
・障害者だからといって甘えさせるわけにはいかない。障害のネガティブな特徴だけではなく，どのような環境設定をすれば，能力を発揮できるかといった役に立つ情報がほしい。

　逆に，福祉側，特に障害者就労継続支援Ｂ型や作業所など福祉的就労の場の職員からは，利用者の一般就労の可否について，このような考え方に接するこ

とがある。
・企業に就職するためには，コミュニケーションがうまく取れなければならない。この利用者は作業能力はあるが，うまく話すことができないので一般就労は難しいだろう。
・この利用者は「週3回の仕事で，月20万円欲しい」といったように，経済観念が身についていないので，まだ就労準備性に乏しい。
・朝起きることができず，遅刻ばかりしている利用者なので，一般就労なんてとんでもないと思っていたが，自分で勝手に内定を取って就労した途端，遅刻することもなく自分ですべて準備して，毎日生き生きと出勤している。その成長ぶりに驚いた。

　一般企業に就職するためには，あれも，これもできなければダメ，といったハードルを築きあげて，就労準備性が整っていないがゆえに一般就労は無理だとのアセスメントをしている例だ。一方で，企業側からは「企業は当然人材育成には力を入れるので，身の回りのことが自立していて，返事やあいさつができるといった社会性があれば十分である。一般就労を目指してほしい」といった意見もよく聞かれる。もちろんあくまでも例示に過ぎないが，企業での就労経験がない，または障害者雇用の実態に疎い福祉スタッフから，このような話を聞くことがある。アセスメントの難しさを感じるとともに，アセスメント次第で一般就労の可能性や選択肢を狭め，さらには本人の成長の機会を奪いかねないことを常に意識する必要性を強く感じる。

　これらの溝を埋めるためには，普段からの相互の交流を通してお互いの理解を促進していく機会がますます求められるだろう。研修会や見学会，実習の受け入れも含めた人事交流，さらには企業経験者の福祉スタッフを増やしたり，福祉の専門家が企業で雇用されるといったことも望ましい傾向であると考える。

　2つめの筆者が考える今後の方向性として，「専門家と非専門家，支援する側と支援される側，といった線引きを固定的に捉えるのではなく，個別性を重視した柔軟な支えあい」の重要性を確認したい。ソーシャルワークを展開する際には，専門家だけが担うのではなく，福祉関連の非専門家，つまりインフ

ォーマルサポートの担い手も重視されている。専門家だけでは解決できない，複雑で多様な生活問題が背景としてあるからだろう。本書では，企業の一般従業員のソーシャルサポート機能を核にした支援モデルを提起したが，本書の第4章の事例では，一般従業員が代弁機能や生活に関する調整機能といったソーシャルワーク機能を担うことがあることも分かった。モデルを構築する際には，これらの機能は「一般従業員のポジショニングでは困難が伴うサポート」と位置づけざるを得なかったが，実際にはクリアに役割を線引きすることよりも，必要性に応じて柔軟に役割を担うこともあるだろう。同じように障害者雇用の現場では，障害者が支援される側で，非障害者が支援する側といった固定的な役割分担もみられがちだが，障害があっても（障害者手帳を所持していても）能力的に要件を満たしていたら，指導的な役割を担うことも考えられるだろう。

第3章において，3つの困難感の軽減策の一つとして「個別性の重視」を提言した。効率性や画一性を重視せざるを得ない一般企業の特質上，個別性を重視した対応は難しいこともあるだろう。しかし，効率性を追求する中で，従業員に対して必要な配慮を個別に展開していくことによって，障害の有無に関係なく，誰もが働きやすい環境が整備されていくことが期待されるだろう。

文献一覧

【序　章】

安部省吾（2009）「継続雇用責任と定着支援」『OT ジャーナル』43(7), 731-736。

赤松英知（2010）「重度知的障害のある人の労働と暮らしをめぐる現状と課題」『障害者問題研究』38(2), 82-89。

伊達木せい・池田勗（1994）『職業的困難度からみた障害者問題――障害者および重度障害者の範囲の見直しをめぐって』調査研究報告書 No.3, 日本障害者雇用促進協会, 16-17。

Flores, N., Jenaro, C., Orgaz, M. B., Martin, M. V. (2010) Understanding Quality of Working Life of Workers with Intellectual Disabilities, *Journal of Applied Research in Intellectual Disabilities*, 24(2), 133-141.

Giddens, A.(1998) *The Third Way*, Wiley-Blackwell.（= 1999, 佐和隆光訳『第三の道―効率と公正の新たな同盟』日本経済評論社。）

権田保之助（1974）「民衆娯楽論」『権田保之助著作集　第二巻』文和書房。

春名由一郎・岡田伸一・坂尻正次（2002）『障害者雇用に係る作業・職場環境改善等に関する調査――障害者雇用の職場環境整備の現状とその効果の検証』資料シリーズ No.27, 日本障害者雇用促進協会, 74。

畑本裕介（2004）「ブレア第三の道の社会政策とその批判――コミュニティの重視へ」『社会政策研究』4, 205-225。

林芳郎（1975）『働き人間遊び人間《労働》の再認識』三信図書。

広井良典（2010）『コミュニティ　公共性・コモンズ・コミュニタリアニズム』（双書 持続可能な福祉社会へ：公共の視座から　第1巻）, 勁草書房。

池田浩（2010）「第7章　チーム力」古川久敬編著『人的資源マネジメント』白桃書房。

ILO（2009）『公正なグローバル化のための社会正義に関する ILO 宣言（2008年6月第97回 ILO 総会）』。(http://www.ilo.org/public/japanese/region/asro/tokyo/downloads/2008declaration.pdf)

ILO（2011）『アジア太平洋地域におけるディーセント・ワークを伴う持続可能な未来の構築　事務局長報告書』。(http://www.ilo.org/public/japanese/region/asro/tokyo/conf/.../dgreport.pdf)

稲葉陽二ら（2011）『ソーシャル・キャピタルのフロンティア』ミネルヴァ書房。

石倉康次（2008）「障害者の就労と自立支援――知的障害および精神障害をもつ人の本人調査をもとに」『障害者問題研究』36(2)，114-121。

伊藤修毅（2012）「障害者雇用における特例子会社制度の現代的課題――全国実態調査から」『立命館産業社会論集』47(4)，123-138。

岩間伸之（2009）「第8章第2節　地域を基盤としたソーシャルワークの基本的視座――四つのパラダイムシフト」社会福祉士養成講座編集委員会編『新・社会福祉士養成講座6　相談援助の基盤と専門職』中央法規出版，136-140。

川島典子（2010）「ソーシャル・キャピタルの類型に着目した介護予防サービス――結合型SCと橋渡し型SCをつなぐソーシャルワーク」『同志社社会福祉学』24，58-69。

川島ゆり子（2011）『地域を基盤としたソーシャルワークの展開――コミュニティケアネットワーク構築の実践』ミネルヴァ書房。

菊野一雄（2003）『現代社会と労働』慶應義塾大学出版会。

北岡寿逸（1942）『社会政策概論』有斐閣。

神戸市（2006）「第3回神戸市障害者施策推進協議会資料3　神戸市障害者保健福祉計画2010後期計画地域生活への移行と就労の推進についての現状と課題」神戸市。

厚生労働省（2012）「第53回労働政策審議会障害者雇用分科会　議事録」。（http://www.mhlw.go.jp/stf/shingi/2r9852000002so7i.html）

京極高宣（2009）「障害者の就労支援はどうあるべきか？――新たな中間的就労の創造的開発を」『職リハネットワーク』65，5-15。

丸山啓史（2010）「人間発達と「労働生活の質」――「障害者に仕事を合わせる」の意味と意義」『障害者問題研究』38(2)，90-97。

松為信雄（2009）「就労支援サービス3年目の見直しと課題」『発達障害研究』31(4)，278-285。

望月葉子（2009）「障害者雇用の実態――身体・知的・精神障害(2)知的障害」『総合リハビリテーション』37(7)，643-648。

中川真由美（2003）「障害者の雇用と就労におけるソーシャルワークのあり方」『社会福祉研究』87号，51-57。

日本職業リハビリテーション学会職リハ用語研究検討委員会（2002）『職リハ用語集第2版』日本職業リハビリテーション学会。

日本障害者雇用促進協会（1994）『職業的困難度から見た障害者問題――障害者および重度障害者の範囲の見直しをめぐって』調査研究報告書No.3。

―――（2002）『知的障害者の就業と生活を支える地域支援ネットワークの構築に向けて』調査研究報告書No.53。

野沢和弘（2003）「障害者と家族の地域生活の課題」『社会福祉研究』87，33-39。

小川浩（2000）「ジョブコーチとナチュラルサポート」『職業リハビリテーション』13，25-31。
―――（2001）『重度障害者の就労支援のためのジョブコーチ入門』エンパワメント研究所。
岡崎祐司（2008）「福祉政策と就労・ワークフェアをめぐる論点」『障害者問題研究』36(2)，88-95。
大河内一男（1938）「我國に於ける社會事業の現在及び將來――社會事業と社會政策の關係を中心として」『社会事業』22(5)，2-22。
―――（1968）『社会政策の基本問題』（大河内一男著作集第5巻），青林書院新社。
―――（1970）『社会政策四十年』東京大学出版会。
―――（1988）「Ⅰ　社会政策におけるインテグレーションについて」西村豁通ほか『総合社会政策と労働福祉』啓文社。
大橋謙策（1988）「社会福祉思想・法理念にみるレクリエーションの位置」『日本社会事業大学研究紀要』34，25-74。
―――（2008）『新訂　社会福祉入門』放送大学教育振興会。
大山泰弘（2009）『働く幸せ』WAVE出版。
Pestoff, V. A. (1998) *Social Enterprises and Civil Democracy in a Welfare Society*, Ashgate Publishing Limited. (＝2000, 藤田曉男・川口清史・石塚秀雄ほか訳『福祉社会と市民民主主義――協同組合と社会的企業の役割』日本経済評論社。)
Putnam, R. D. (1993) *Making Democracy Work : Civic Traditions in Modern Italy*, Princeton Univ.Press. (＝2001, 河田潤一訳『哲学する民主主義――伝統と改革の市民的構造』NTT出版。)
―――(2000) *Bowling Alone : The College and Revival of American Community*, Simon and Shuchter. (＝2006, 柴内康文訳『孤独なボウリング――米国コミュニティの崩壊と再生』柏書房。)
社団法人日本社会福祉士会（2010）『ソーシャルワーク視点に基づく就労支援実践ハンドブック』中央法規出版。
障害者雇用促進制度における障害者の範囲等の在り方に関する研究会（2012）『障害者雇用促進制度における障害者の範囲等の在り方に関する研究会報告書』。
障害者の一般就労を支える人材の育成のあり方に関する研究会（2009）『障害者の一般就労を支える人材の育成のあり方に関する研究会報告書』。(http://www.mhlw.go.jp/shingi/2009/03/dl/s0301-2a.pdf)
杉原努（2008）「戦後我が国における障害者雇用対策の変遷と特徴　その1：障害者雇用施策の内容と雇用理念の考察」『社会福祉学部論集（佛教大学）』4，91-108。

──── (2009)「戦後我が国における障害者雇用対策の変遷と特徴 その2:障害者雇用施策の内容と雇用理念の考察」『社会福祉学部論集(佛教大学)』5, 91-103。
高木修(1998)『人を助ける心──援助行動の社会心理学』サイエンス社。
田中尚(2000)「第6章 ソーシャル・サポート・システム」野村豊子・北島英治・田中尚ら『ソーシャルワーク・入門』有斐閣アルマ, 150-178。
手塚直樹(1986)『知恵おくれの人の職業生活を進める条件』光生館。
東京都社会福祉協議会・東京都知的障害特別支援学校就業促進研究協議会(2008)『福祉, 教育, 労働の連携による知的障害者の就業・生活支援:連続性のあるチーム支援モデルの提案:知的障害者就労支援研究報告書』東京都社会福祉協議会。
Verdonschot, M. M. L., De Witte, L. P., Reichrath, E., Buntinx, W. H. E., Curfs, L. M. G. (2009) Impact of environmental factors on community participation of persons with an intellectual disability : a systematic review, *Journal of Intellectual Disability Research*, 53(1), 54-64.
若林功(2008)『障害者に対する職場におけるサポート体制の構築過程──ナチュラルサポート形成の過程と手法に関する研究』調査研究報告書 No. 85, 高齢・障害者雇用支援機構, 5。
──── (2011)「職場サポート・配慮の要因に関するエビデンス:文献レビュー」『職業リハビリテーション』25(1), 40-48。

【第1章】

青井和夫・松原治郎・副田義也(1973)『生活構造の理論』有斐閣双書。
岩城完之(1984)「生活構造」『現代社会学辞典』有信堂高文社, 448-462。
厚生労働省(2015)「平成27年障害者雇用状況の集計結果」。(http://www.mhlw.go.jp/stf/houdou/2r9852000002o0qm.html)
大山泰弘(2009)『働く幸せ』WAVE出版。
手塚直樹(1986)『知恵おくれの人の職業生活を進める条件』光生館。
The American Association on Mental Retardation (2002) *Mental Retardation : definition, classification, and systems of supports*, 10th ed. (= 2004, 社団法人日本知的障害福祉連盟訳『知的障害 定義, 分類および支援体系 第10版』日本知的障害福祉連盟。)

【第2章】

Department of Health Social Services Inspectorate & Scottish Office Social Work Services Group (1991) *CARE MANAGEMENT AND ASSESSMENT : Practitioners Guide*, Crown. (= 1997, 白澤正和・広井良典・西村淳訳『ケアマネジャー実践ガイ

ド』医学書院。)
厚生労働省（2002）『障害者ケアガイドライン』。(http://www.mhlw.go.jp/topics/2002/03/tp0331-1.html)
松為信雄（2002）「第Ⅳ部　地域支援ネットワークの構築に向けてのケアマネジメント」日本障害者雇用促進協会『知的障害者の就業と生活を支える地域支援ネットワークの構築に向けて』研究報告書 No.53。
森岡清美・塩原勉・本間康平（1993）『新社会学辞典』有斐閣。
岡村重夫（1983）『社会福祉原論』全国社会福祉協議会。
大橋謙策（2008）『社会福祉入門』放送大学教育振興会, 149-155。
太田義弘・秋山薊二編（2005）『ジェネラル・ソーシャルワーク』光生館。
齋藤順子（2002）「第5章　ソーシャルワーカーの機能と役割」太田義弘・秋山薊二編『ジェネラル・ソーシャルワーク』光生館, 156。
身体障害者ケアマネジメント研究会・知的障害者ケアマネジメント研究会（2002）『新版　障害者ケアマネジメント実施マニュアル［身体障害・知的障害共通編］』中央法規出版。
白井俊子（2000）「人権擁護の立場から（特集/はたらく知的障害者の意思決定への支援）」『職リハネットワーク』47, 17-22。
白井俊子・安部光彦（2004）「就労障害者の生活支援における一考察」『職リハネットワーク』54, 65-71。
上村勇夫・道明章乃・小佐々典靖ほか（2012）「効果の上がる福祉実践プログラムモデル構築のためのアウトカムモニタリグシステムの開発——実践家・研究者協働によるプログラム評価アプローチから」『日本社会事業大学研究紀要』58, 45-61。
浦光博（1992）『支えあう人と人——ソーシャル・サポートの社会心理学』サイエンス社, 60-61。
渡部律子（1999）『高齢者援助における相談面接の理論と実際』医歯薬出版, 51-63。
山辺朗子（2011）『ジェネラリスト・ソーシャルワークの基盤と展開——総合的包括的な支援の確立に向けて』ミネルヴァ書房, 30-54。

【第3章】
青木律子（2008）「知的障害者の職務遂行能力の向上における企業内援助者の役割」『大原社会問題研究所雑誌』597, 38-49。
Biestek, F. P. (1957) *The Casework Relationship*, Loyola University Press. (= 2006, 尾崎新・福田俊子・原田和幸訳『ケースワークの原則［新訳改訂版］——援助関係を形成する技法』誠信書房, 33-50。)

陳麗婷（2004）「知的障害者の一般就労継続に対する職場同僚の支援活動について」『社会福祉学』45(2)，68-80．

伊達木せい・池田勗（1994）『職業的困難度からみた障害者問題――障害者および重度障害者の範囲の見直しをめぐって』調査研究報告書 No.3，日本障害者雇用促進協会，16-17．

土師修司（2007）「就労支援の根本を問う――システム全体の支援を構築するために」『そだちの科学』8，102-108．

春名由一郎・岡田伸一・坂尻正次（2002）『障害者雇用に係る作業・職場環境改善等に関する調査――障害者雇用の職場環境整備の現状とその効果の検証』資料シリーズ No.27，日本障害者雇用促進協会，74．

岩谷力（2009）『特例子会社の設立，運営に等に関する調査研究』平成 20 年度研究調査報告書，通刊 271 号，高齢・障害者雇用支援機構，7-10．

神戸市（2006）『第 3 回神戸市障害者施策推進協議会資料 3　神戸市障害者保健福祉計画 2010 後期計画地域生活への移行と就労の推進についての現状と課題』神戸市，10．

高齢・障害者雇用支援機構（2009）『平成 21 年版障害者職業生活相談員資格認定講習・障害者雇用推進者講習テキスト』高齢・障害者雇用支援機構，129-133．

厚生労働省（2009）『障害者雇用対策基本方針の策定について』．(http://www.mhlw.go.jp/bunya/koyou/shougaisha02/gaiyo/02.html)

松為信雄（2009）「就労支援サービス 3 年目の見直しと課題」『発達障害研究』31(4)，278-285．

中川真由美（2003）「障害者の雇用と就労におけるソーシャルワークのあり方」『社会福祉研究』87，51-57．

小川浩（2000）「ジョブコーチとナチュラルサポート」『職業リハビリテーション』13，25-31．

佐藤郁哉（2010）『質的データ分析法　原理・方法・実践』新曜社，112，117．

高木修（1998）『人を助ける心――援助行動の社会心理学』サイエンス社，110-112．

上村勇夫（2013）「知的障害者とともに働く特例子会社の一般従業員の支援実態と困難感」『社会福祉学』54(1)，14-27．

若林功（2008）『障害者に対する職場におけるサポート体制の構築過程――ナチュラルサポート形成の過程と手法に関する研究』調査研究報告書 No.85，高齢・障害者雇用支援機構，98．

山口裕幸（2009）『チームワークの心理学――よりよい集団づくりをめざして』サイエンス社，13-31．

【第4章】

陳麗婷（2009）『知的障害者の一般就労——本人の「成長する力」を信じ続ける支援』明石書店，115-132。

グレッグ美鈴（2007）「質的記述的研究」グレッグ美鈴・麻原清美・横山美江編著『よくわかる質的研究の進め方・まとめ方・看護研究のエキスパートをめざして』医歯薬出版，54-72。

高齢・障害者雇用支援機構（2009）『平成21年版障害者職業生活相談員資格認定講習・障害者雇用推進者講習テキスト』高齢・障害者雇用支援機構，129-133。

松本千繪・上滝彦三郎（1999）「知的障害者の職業的自立のための支援体制のあり方」『職リハネットワーク』44，9-11。

中川真由美（2003）「障害者の雇用と就労におけるソーシャルワークのあり方」『社会福祉研究』87，51-57。

Uwe, F.(1995) *Qualitative Forschung*, Rowohlt Taschenbuch Verlag GmbH.（= 2002, 小田博志・山本紀子・春日常ほか訳『質的研究入門 〈人間の科学〉のための方法論』春秋社。）

【第5章】

安部省吾（2009）「継続雇用責任と定着支援」『OTジャーナル』43(7)，731-736。

松為信雄（2002）「第Ⅳ部 地域支援ネットワークの構築に向けてのケアマネジメント」日本障害者雇用促進協会『知的障害者の就業と生活を支える地域支援ネットワークの構築に向けて』研究報告書No.53。

松本千繪・上滝彦三郎（1999）「知的障害者の職業的自立のための支援体制のあり方」『職リハネットワーク』44，9-11。

中川真由美（2003）「障害者の雇用と就労におけるソーシャルワークのあり方」『社会福祉研究』87，51-57。

日本社会福祉士会（2010）『ソーシャルワーク視点に基づく就労支援実践ハンドブック』中央法規出版。

白井俊子（2000）「人権擁護の立場から（特集／はたらく知的障害者の意思決定への支援）」『職リハネットワーク』47，17-22。

白井俊子・安部光彦（2004）「就労障害者の生活支援における一考察」『職リハネットワーク』54，65-71。

上村勇夫（2009）「特例子会社京急ウィズ職場支援担当としての職場改善実践について——指導員が持つ『初期情報』および職場内コミュニケーション活性化の重要性に着目して」『第17回職業リハビリテーション研究発表会発表論文集』独立行政法人高

齢・障害者雇用支援機構障害者職業総合センター，198-201。
渡部律子（1999）『高齢者援助における相談面接の理論と実際』医歯薬出版，51-63。

【第6章】

地域の就労支援の在り方に関する研究会（2012）『地域の就労支援の在り方に関する研究会報告書』。(http://www.mhlw.go.jp/stf/houdou/2r9852000002gyh3-att/2r98520000002gyzg.pdf)

土師修司（2007）「就労支援の根本を問う——システム全体の支援を構築するために」『そだちの科学』8，102-108。

岩間伸之（2011）「地域包括支援センターの動向と地域包括ケア——地域を基盤としたソーシャルワークの展開に向けて」『社会福祉研究』111，11-18。

高齢・障害者雇用支援機構障害者職業総合センター（2010）『就労支援機関が就労支援を行うに当たっての課題等に関する研究』資料シリーズ，No.56。

厚生労働省（2006）『障害者自立支援法における相談支援事業の概要について』。(http://www.shinsyou-sendai.or.jp/soudanin/pdf/soudan_kensyu.pdf)

――――（2012）『障害者就業・生活支援センターの指定と運営等について』（平成24年3月30日，職高発0330第1号，障発0300第43号）。

――――（2013a）『障害者福祉施設における就労支援の概要』。(http://www.mhlw.go.jp/stf/shingi/2r9852000001wjus-att/2r9852000001wkgo.pdf)

――――（2013b）『障害者就業・生活支援センターの概要』。(http://www.mhlw.go.jp/bunya/koyou/shougaisha02/pdf/14.pdf)

――――（2013c）『障害のある人に対する相談支援について』。(http://www.mhlw.go.jp/bunya/shougaihoken/service/soudan.html)

――――（2013d）『障害者相談支援事業の実施状況等の調査結果について』。(http://www.mhlw.go.jp/bunya/shougaihoken/toukei/h24-syogaisoudansien.html)

日本知的障害者福祉協会相談支援部会（2012）『平成24年度就業・生活支援事業実態調査』。(http://www.aigo.or.jp/choken/pdf/25n5sp.pdf)

社会福祉士養成講座編集委員会（2014）『就労支援サービス　第3版』中央法規出版，36。

東京都産業労働局雇用就業部就業推進課（2012）『障害者雇用促進ハンドブック2012』。

東京都社会福祉協議会（2006）『障害者就労支援センターガイドブック』東京都社会福祉協議会。

静岡市HP『障害者相談支援と就労支援との連携について』。(http://www.city.shizuoka.jp/000085594.pdf)

【終　章】

大橋謙策（2005）「わが国におけるソーシャルワークの理論化を求めて」『ソーシャルワーク研究』31(1), 4-19。

大山泰弘（2009）『働く幸せ』WAVE 出版。

おわりに

　多くの人々との貴重な出会いから本書は完成にまで至りました。
　調査にご協力いただきました方々，つまり特例子会社で働かれている知的障害のある5人の方々，それからともに働かれている（いた）方々からは，日々ご活躍されている中で感じているやりがい，ご苦労，さらには障害者雇用の現場の発展につながるようなノウハウをたくさん分けていただきました。この成果を生かし，障害者雇用のより一層の発展に寄与することが，私の今後の重要な責務であると痛切に感じているところです。
　中でも第4章のインタビュー調査でお世話になりましたQ氏との出会いがなければ本書は完成しなかったといっても過言ではありません。20年以上にわたり取り組まれている障害者雇用の素晴らしい取り組みをもとに，詳細かつ丁寧に資料を残されていて，豊富なエピソードとともに惜しげもなく分けていただきました。さらには多方面に働きかけていただきインタビュー調査の機会もご提供いただきました。ひとまず本書の完成をもってひとつの成果として形にはなりましたが，ご教授いただきましたたくさんの"宝"は今後もずっと見つめ続け，磨き上げ，少しでも自分のものにするとともに，研究および実践を通して社会に還元していきたいと考えております。
　また本書の執筆にあたっては多くの先生方からご指導をいただきました。主査の植村英晴先生には博士前期課程の時代からお世話になり，丁寧なご指導により様々な視野や研究の可能性をご教示いただきました。特に調査データを多角的に分析する姿勢は今後の研究スタイルを方向づけていただきましたし，また研究の意義についてもご示唆いただきとても励みになりました。副査の大橋謙策先生からは視野を広げる大切さを学ばせていただきました。先生からの貴重なご意見をいただくために，ゼミにおいてただ受け身の姿勢で臨むのはもっ

たいない思いが強く，特に博士後期課程1年時は毎週のゼミで何かしらの発表をさせていただきました。社会福祉学を学ぶ喜びと誇りをいただいたと感じております。また，博士論文審査の過程において，阿部實先生・藤岡孝志先生・北島英治先生・佐藤久夫先生からは論文構成や内容に関して重要なご示唆を賜り，とかく狭くなりがちな私の思考に刺激をいただいたおかげで，たくさんの気づきを得ることができました。

　現在の所属先でもある日本社会事業大学の実習教育研究・研修センターのみなさまにも，多忙極まる職場環境であるにもかかわらず，折に触れ私の論文執筆を気にかけていただき，また具体的なご配慮をいただきました。学生たちからもたくさんの励ましをもらいました。インタビュー調査の文字起こしなどの面倒な作業を手伝ってくれた新垣晴菜さん，出浦咲さん，藤原望さんにはとても助けてもらいました。私自身も約10年前編入生として学んだ愛着深きキャンパスにおいて，教員として勤務しながら本書を完成することができたことに，このうえない喜びを感じております。

　博士論文を書籍として刊行できたのは，ミネルヴァ書房編集部の北坂恭子様をはじめ，多くの関係者の支えがあったからです。改めて感謝申しあげます。

　最後に，博士前期課程から通算5年間の学びの機会を陰で応援してくれただけでなく日々励ましてくれた家族，特に妻には感謝してもしきれないほどです。

　これまで私を支え，励まし，導いてくださったすべてのみなさまに心から感謝いたします。

上村　勇夫

資料編

資料1	調査の企業に対する依頼書（第3章）
資料2	調査の一般従業員に対する説明書（第3章）
資料3	調査の一般従業員に対する依頼書兼同意書（第3章）
資料4	調査の一般従業員に対するアンケート（第3章）
資料5	調査の企業に対する依頼書（第4章）
資料6	調査の障害のある社員に対する依頼書兼同意書（第4章）
資料7	調査の一般従業員に対する依頼書兼同意書（第4章）

資料1　調査の企業に対する依頼書（第3章）

平成22年　　月　　日

　　御中

日本社会事業大学大学院博士前期課程
／㈱●●●●●　職場支援担当
上村　勇夫
（電話：●●●－●●●●－●●●●●）
（指導教員：日本社会事業大学　教授　佐藤　久夫）

「知的障害者とともに働く一般従業員の役割認識および困難感についての調査」
へのご協力のお願い

拝啓　陽春の候、貴社ますますご盛栄のこととお喜び申し上げます。この度は格別のご高配を賜り、厚くお礼申し上げます。

　さて、私は現在㈱●●●●●において職場改善の業務に従事するとともに、日本社会事業大学大学院博士前期課程において障害者雇用に関する研究に取り組んでおります。私自身、特例子会社で働く中で、障害のある社員とともに働いている皆様（研究上では「一般従業員」）による支援の重要さを実感する一方で、障害のある社員と日々ともに働く中で、皆様が様々な困難感（悩みや迷い）を持たれている現実も見聞きしてまいりました。そのような経験を踏まえ研究テーマとして、知的障害者とともに働く一般従業員がどのような役割・立場のもとで、どのような困難感を持たれているのかを明らかにしたいと考えるようになりました。

　そこで現在、修士論文の執筆に向け、標記のテーマでアンケート調査に取り組んでおります。役割・立場に応じた困難感が明らかになれば、それに対する対応策や効果的な研修を構築するための有効な資料になると考え、微力ながら障害者雇用の発展に寄与すべく全力で取り組んでいるところです。

　つきましては、ご多忙な中、まことに恐縮ではございますが、別紙「調査についての協力依頼内容」をご確認のうえご協力をいただきますようお願い申し上げます。なお、このアンケートで得られた情報はこの調査以外で使われることはありません。アンケートは匿名ですので個人名や会社名が出るようなことは一切ありませんし、貴社にご迷惑をおかけすることがないよう最大限の注意をしてまいります。

　なにとぞよろしくお願い申し上げます。

敬具

【同封物】
　(1)　調査についての協力依頼内容・・・・・・・・・・・・・・・・・（1枚）
　(2)　個別の封筒：アンケート協力者用・・・・・・・・・・・・（　　セット）
　　　　(a)　「アンケート調査　ご協力いただきたい内容」（1枚）
　　　　(b)　「調査協力のお願い」（同意書）（1枚）
　　　　(c)　アンケート用紙　（5枚）
　(3)　返信用封筒・・・・・・・・・・・・・・・・・・・・・・（1枚）

以　上

調査についての協力依頼内容

1. 貴事業所において、障害のない社員(障害者手帳をお持ちでない方:以下「一般従業員」)のうち、以下の条件にあてはまる人にご協力をお願いします。

> 一般従業員のうち、業務遂行上、知的障害のある社員に対して
> 直接的なサポートをする役割を担われている人。
>
> 例) □ともに作業をする中で、サポートをする役割を担っている。
> 　　　□作業の直接的指導をする役割を担っている。
> 　　　□様々な相談を受ける役割を担っている。
>
> ※上記のようなサポート的関わりがない、経営者や事務員は対象外となります。
> ※社内の立場上、その役割が期待されている人です。実際にその役割が果たせているかどうかではなく、その立場にいる方であれば対象とさせていただきます。
> ※知的障害のある社員へのサポートをされている方に限定します。(身体障害、精神障害のある社員へのサポートではありません)
> ※アンケート用紙のやり取りが容易でない人(遠方の事業所の人など)は除外してください。

2. (a)「調査協力のお願い」(同意書:1枚)と(b)アンケート用紙(5枚)の配布および回収

> (ア)1で選んだ一般従業員に、配布をお願いします。
> (イ)(a)「調査協力のお願い」(同意書:1枚)について。回答をするかしないかは、ご本人の意思によっていただければ結構です。アンケート調査にご協力いただける場合、署名をしていただいたうえで回収してください。(※)アンケート用紙とは別に取りまとめください。(アンケート記入者の特定ができないようにするためです。)
> (ウ)(b)アンケート用紙(5枚)について。記入後、個々の封筒に戻し封をした状態で回収してください。(アンケート内容の秘密保持のためです。また(a)同意書は個々の封筒に同封せず別に回収願います。)
> 　　なお、ご協力いただける方には、　　月　　日(　)までにアンケート用紙を担当者様にご提出いただきますよう依頼文の中に記入させていただきました。
> (エ)回収後、(a)(b)ともに同封しました返信用封筒にてご返送ください。

■皆様のご理解とご協力をお願いいたします。

●調査についてのご質問などありましたら、下記までお問い合わせ下さい●

> 日本社会事業大学大学院博士前期課程
> 　／　(株)●●●●●　職場支援担当
> 　　　　上村　勇夫
> 　電話：●●●-●●●-●●●●　メール：●●●●●●@●●●.co.jp

資料2　調査の一般従業員に対する説明書（第3章）

調査ご協力者　各位

アンケート調査　ご協力いただきたい内容

このたびはお忙しい中、貴重なお時間をいただきありがとうございます。ご協力いただきたい内容は以下のとおりです。

【資料①】「調査協力のお願い」（同意書）（1枚）	
□内容をお読みいただいた上で、<u>同意書にご署名ください</u> ⇒	□ご担当者様（　　　　　　様）にお渡しください。 ※アンケート用紙と同封せずそのままお渡しください。（アンケート記入者を特定できないようにするためです）

【資料②】アンケート用紙（5枚）	
□<u>あなた様自身のお考えをもとに</u>もれなく記入をお願いします。 ⇒	□全て記入後、封筒に戻し<u>封をしたうえで、</u> ※資料①の同意書は同封しないでください。（アンケート記入者を特定できないようにするためです） □ご担当者様（　　　　　　様）に 　　月　日（　）までにお渡しください。

■皆様のご理解とご協力をお願いいたします。

●ご不明の点がございましたら、下記連絡先までご連絡ください●

```
日本社会事業大学大学院博士前期課程
　　／　㈱●●●●●　職場支援担当

　　　　　　上村　勇夫
電話：●●●-●●●-●●●●　　メール：●●●●●@●●●.co.jp
```

資料編

資料3　調査の一般従業員に対する依頼書兼同意書（第3章）

調査ご協力者　各位

調査協力のお願い

日本社会事業大学大学院博士前期課程
／㈱●●●●●　職場支援担当
上村　勇夫
（電話：●●●－●●●●－●●●●●）
（指導教員：日本社会事業大学　教授　佐藤　久夫）

このたびは、ご多忙の中貴重なお時間をいただきありがとうございます。この調査の概要は以下のとおりです。

■**研究課題名：**
知的障害者とともに働く一般従業員の役割認識に対応する困難感の抽出
―テキストマイニングを用いた特例子会社の一般従業員の自由記述回答の分析―

■**目的**
　知的障害のある方が雇用されている特例子会社の一般従業員の役割認識、支援経験を把握し、障害のある社員と働く際の困難感との関係を明らかにします。

■**着想に至ったきっかけ**
　私自身、特例子会社で働く中で、障害のある社員とともに働いている皆様（研究上では「一般従業員」）による支援の重要さを実感しました。また一方で、障害のある社員との日々の関わりの中で、皆様が様々な悩みや迷いといった困難感を持たれている現実も見聞きしてまいりました。皆様の多くが福祉の専門家（障害者支援のプロ）ではない中、どのような役割で、どのような支援をされているのか、さらにそれぞれの役割・立場でどのような困難感を持たれているのかを明らかにしたいと考えるようになりました。役割・立場に応じた困難感が明らかになれば、それに対する対応策や効果的な研修を構築するための有効な資料になると考えております。

■**守秘義務など**
　調査で得られた情報は秘密厳守し、この調査目的以外で使われることはありません。またアンケートは無記名です。どうぞ、ありのままをお答えください。
　また、この調査にご協力くださるかどうかはあなた様の自由で、ご協力いただいた場合でも、ご協力いただけない場合でも、あなた様に不利益になることは一切ございません。

以上

以上の内容に同意され、調査にご協力いただける方はご署名をお願いいたします。

平成22年　　　月　　　日

貴　社　名：＿＿＿＿＿＿＿＿＿＿＿＿＿＿＿＿＿

調査協力者ご氏名：＿＿＿＿＿＿＿＿＿＿＿＿＿＿＿

資料4　調査の一般従業員に対するアンケート（第3章）

1. 問1～問26の各項目について「①自分の役割だと思う」かどうか、また「②支援経験の有無」に〇印をおつけください。（各項目は『障害者職業生活相談員資格認定講習テキスト』を参考にしています）

実際に実施されていない場合は「もし実施する必要があるとすれば自分の役割かどうか？」をお考えください

秘

		支援・配慮事項	①自分の役割だと思う		②支援経験の有無	
①作業関係	問1	障害のある社員がよく理解できるよう、作業指示や伝達方法を配慮する（例：簡潔で具体的な表現／やってみせて、次に本人にやらせて理解を確かめる／絵や図を使ったり、メモを渡したり、視覚に訴える工夫をする／数字や文字が苦手な人のための工夫）	はい	いいえ	あり	なし
	問2	個々の障害のある社員の力を発揮しやすい作業条件（単独作業、グループ作業、ライン作業、他の従業員との相性、組み合わせなど）について検討する	はい	いいえ	あり	なし
	問3	障害のある社員の仕事ぶりから、作業の習熟度や適性、興味などを評価する	はい	いいえ	あり	なし
	問4	成果をほめる	はい	いいえ	あり	なし
②職場生活指導	問5	特定の障害のある社員の指導担当者として、職場への適応に向けた基礎的な職場生活指導をする（服装、あいさつ、返事、報告、連絡などについて）	はい	いいえ	あり	なし
	問6	通勤方法確立のための検討（必要に応じて、実地練習や家族と協議）	はい	いいえ	あり	なし
	問7	障害のある社員の心身の変調に気づくように、表情や受け答え、作業ぶりを注視する	はい	いいえ	あり	なし
	問8	障害のある社員の抱える問題について日ごろから相談にのる	はい	いいえ	あり	なし
③人間関係の調整	問9	障害のある社員の気持ちや言いたいことを汲み取って他の従業員に伝える仲立ちをする	はい	いいえ	あり	なし
	問10	職場においてコミュニケーションがうまく取れるように、休憩時間も含め、人間関係の配慮・調整をする	はい	いいえ	あり	なし
	問11	同じく、アフターファイブにおける人間関係の配慮・調整	はい	いいえ	あり	なし

※恐れ入りますが、**記入漏れ**がないかご確認願います！

資料編

		支援・配慮事項	①自分の役割だと思う		②支援経験の有無	
④職場環境の調整	問12	向上心を引き出すために、役割を与える（後輩指導や〇〇係など）	はい	いいえ	あり	なし
	問13	障害のある社員の意思を尊重しつつ、作業変更や配置転換を検討する	はい	いいえ	あり	なし
	問14	障害のある社員の能力開発や定着にかかわる問題を検討するチームに参加する	はい	いいえ	あり	なし
	問15	単純反復作業以外の作業に取り組めるように職務内容を工夫する（例／機械の導入による作業工程の単純化／作業工程の細分化／道具の工夫）	はい	いいえ	あり	なし
	問16	事故防止のための物理的な環境整備（例：危険箇所の改善／機械に緊急停止ボタンの設置／避難経路の確保）	はい	いいえ	あり	なし
	問17	事故防止のための人的な体制整備や安全教育	はい	いいえ	あり	なし
⑤生活関係	問18	給料を計画的に使えるように指導する（金銭トラブルの防止）	はい	いいえ	あり	なし
	問19	さらに本人が給料を管理する方向へ指導する	はい	いいえ	あり	なし
	問20	アフターファイブや休日の過ごし方の指導（必要に応じて、家庭や関係機関と協力）	はい	いいえ	あり	なし
	問21	社内や地域における余暇活動を促す	はい	いいえ	あり	なし
⑥家庭との連携	問22	無断欠勤、仕事に集中しない、体の不調等の際に、原因を確かめて対策を立てるために、家庭と十分に連絡をとる	はい	いいえ	あり	なし
	問23	連絡ノートや保護者の集まりなど、家庭との継続的な連携を保つ工夫をする	はい	いいえ	あり	なし
⑥外部機関との連携	問24	専門的な助言を得るためにジョブコーチ等、外部支援機関を利用する	はい	いいえ	あり	なし
	問25	家族との関係作りにおいて、学校、援護施設、障害者職業センターなどの支援機関の協力を得る	はい	いいえ	あり	なし
	問26	地域の専門機関や社会資源とのネットワーク作りや関係維持	はい	いいえ	あり	なし

※恐れ入りますが、**記入漏れ**がないかご確認願います！

2. 障害のある社員とともに働き、関わる際に「**困っていること、悩んでいること**」を**最大3点**お選びいただき、以下の欄にお書きください。（現在、過去問わず、ご自身の体験から感じていることをお書きください。個人名ではなく役職名などで（例：「あるスタッフが」など）。）

①

②

③

3. 最後に、以下の質問にお答えください。
   （ア）あなたの立場の会社での呼称（例：指導員、リーダーなど）

   （イ）あなたにとっての"**障害のある社員への関わりや関係**"についてイメージに合う単語を**最大3つ**選んで、イメージに合う順に「1、2、3」と四角の中に記入してください。

   □ 指導　□ 支援　□ 配慮　□ リード　□ サポート　□ フォロー　□ パートナー
   □ 同僚　□ 仲間　□ 上下関係　□ 連携調整　□ 労務管理
   その他（なるべく単語で）□〔　　　　　〕　□〔　　　　　　　　〕

(ウ) あなたの就業形態　（マルをつけてください）

	正社員	雇用している労働者で雇用期間の定めのない者のうち、パートタイム労働者や他企業への出向者などを除いた、いわゆる正社員。
	出向社員	他企業より出向契約に基づき出向してきている者。出向元に籍を置いているかどうかは問わない。
	契約社員	特定職種に従事し、専門的能力の発揮を目的として雇用期間を定めて契約する者。
	嘱託社員	定年退職者等を一定期間再雇用する目的で契約し、雇用する者。
	派遣労働者	「労働者派遣法（注）」に基づき派遣元事業所から派遣されてきている者。
	臨時的雇用者	臨時的に又は日々雇用している労働者で、雇用期間が1か月以内の者。
	パートタイム労働者	正社員より1日の所定労働時間が短いか、1週の所定労働日数が少ない労働者で、雇用期間が1か月を超えるか、又は定めがない者
	その他	ア～キ以外の労働者で雇用している者。

(エ) あなたの仕事は何ですか。（次ページの「職業分類表」から選択して2桁の番号を記入）
□□

(オ) あなたの障害者雇用関連の資格。　（マルで囲ってください）

- なし
- 障害者職業相談員　　（取得日：□□□□年□□月）
- 第一号職場適応援助者　（取得日：□□□□年□□月）
- 第二号職場適応援助者　（取得日：□□□□年□□月）
- 社会福祉士　　　　　（取得日：　　　年　　月）
- 精神保健福祉士　　　（取得日：　　　年　　月）
- その他
〔　　　　　　〕（取得日：□□□□年□□月）
〔　　　　　　〕（取得日：□□□□年□□月）

(カ) あなたの性、年齢、勤続年数についてご回答ください。

| 男 | 女 |　年齢　満□□歳　|　現在業務の勤続年数　□□年□□ヶ月　|

以上です。ご協力ありがとうございました。
※恐れ入りますが、もう一度**記入漏れ**がないかご確認ください。

職業分類表

専門的・技術的職業

01	科学研究者
02	農林水産業・食品技術者
03	機械・電気技術者
04	鉱工業技術者（機械・電気技術者を除く）
05	建築・土木・測量技術者
06	情報処理技術者（SE、プログラマー）
07	その他の技術者
08	医師、歯科医師、獣医師、薬剤師
09	保健婦、助産婦、看護婦
10	医療技術者
11	あん摩マッサージ指圧師、はり師、きゅう師、柔道整復師
12	その他の保健医療従事者
13	福祉相談指導専門員
14	福祉施設指導専門員
15	保母・保父
16	福祉施設寮母・寮父
17	その他の社会福祉専門職業従事者
18	法務従事者（裁判官、検察官、弁護士、弁理士、司法書士など）
19	経営専門職業従事者（公認会計士、税理士、社会保険労務士など）
20	教員
21	その他の専門的職業従事者（記者、デザイナー、宗教家など）

管理的職業

22	管理職（課長相当職以上）

事務的職業

23	一般事務従事者（総務、企画、受付・案内、秘書など）
24	会計事務従事者（出納、預貯金窓口など）
25	生産関連事務従事者（生産現場、出荷・受荷など）
26	営業・販売事務従事者
27	外勤事務従事者（集金人など）
28	運輸・通信事務従事者（旅客・貨物係、運行管理、郵便・通信事務など）
29	事務用機器操作員（ワープロ、表計算ソフト操作など）
30	その他の事務的職業

販売・営業の職業

31	商品販売従事者（小売、卸売、飲食店主）
32	販売外交員（セールスマン、銀行外務員など）
33	保険代理人・外交員
34	その他の販売・営業の職業

サービスの職業

35	家庭生活支援サービス（家政婦、ホームヘルパーなど）
36	クリーニング職
37	理容師、美容師
38	調理人
39	接客・給仕の職業
40	居住施設・ビル等管理人
41	その他のサービス職業従事者

保安の職業

42	守衛、ガードマン、警備員

農林漁業の職業

43	農業作業
44	林業作業
45	漁業作業

運輸の職業

46	鉄道運転

47	自動車（バス・タクシーなど）運転
48	その他の運輸

通信の職業

49	電話交換手
50	その他の通信従事者

製造・製作の職業

51	金属材料製造（製銑・製鋼、非鉄金属精錬、鋳物製造、熱処理、圧延、伸線など）
52	化学製品製造作業者（化学製品製造、石油精製、化学繊維製造、油脂加工、医薬品・化粧品製造など）
53	窯業製品製造（窯業原料加工、ガラス・れんが・かわら・土管・陶磁器・ファインセラミックス・セメント製造など）
54	土石製品製造（石工など）
55	金属加工（金属工作機械作業、プレス、鉄工、製缶、板金、金属彫刻、めっき、針金・針・ばね製造など）
56	金属溶接・溶断
57	一般機械器具組立・修理
58	電気機械器具組立・修理
59	輸送機械（自動車、鉄道、自転車、船など）組立・修理
60	計量計測機器（時計など）・光学機械器具（カメラ、レンズなど）組立・修理
61	精穀・製粉・調味食品（砂糖、みそ、しょう油、油など）製造
62	食料品製造（精穀・製粉・調味食品製造を除く）
63	飲料・たばこ製造（製茶、酒類製造、清涼飲料製造、たばこ製造など）
64	紡織（粗紡・精紡、合糸・ねん糸、織布、漂白精練、染色、編物など）

65	衣服・繊維製品製造（仕立、刺しゅう、ミシン縫製、裁断）
66	木・竹・草・つる製品製造（製板・チップ、合板、木工、木彫、木製家具・建具などの製造）
67	パルプ・紙・紙製品製造
68	印刷・製本
69	ゴム・プラスチック製品製造
70	革・革製品製造
71	装身具等身の回り品（かばん、がん具、ほうき、漆器、貴金属／宝石、印判など）製造
72	その他の製造・製作

定置機関運転・建設機械運転・電気作業の職業

73	定置機関・機械及び建設機械運転（ボイラーマン、クレーン運転、ポンプ・ブロワー・コンプレッサー運転、建設機械運転など）
74	電気作業（発電員・変電員、架線・敷設作業、電気通信設備工事、電気工事など）

採掘・建設・労務の職業

75	採掘
76	建設躯体工事（型枠大工、とび職、鉄筋作業など）
77	建設作業（大工、ブロック積・タイル張、屋根ふき、左官、畳職、配管など）
78	土木作業（土木、鉄道線路工事など）
79	運搬労務作業（荷役・運搬、倉庫作業、配達員、荷造作業など）
80	清掃員
81	他に分類されない労務作業

資料5　調査の企業に対する依頼書（第4章）

平成25年　月　日

株式会社〇〇〇〇〇
〇〇〇〇〇
〇〇　〇〇　様

「知的障害者の就労継続のために必要なサポートに関する研究」における
インタビュー調査へのご協力のお願い

日本社会事業大学大学院博士後期課程
／●●●●●●●●
上村　勇夫
（電話：●●●－●●●●－●●●●）
（指導教員：日本社会事業大学　教授　植村英晴）

拝啓
　春寒の候、貴社ますますご盛栄のこととお慶び申し上げます。
　私は日本社会事業大学大学院や●●●●●●●に在籍しつつ、障害者雇用および障害のある方の地域生活支援に関する研究と実践に取り組んでおります。その中で「知的障害のある人が継続的に働くために有効なサポート（企業内外）とは何か？それを支えるシステムはどうあるべきか？」といった問題意識を常に持っております。
　具体的にインタビューをさせていただきたい方は、約20年にわたる貴社の素晴らしい実践の中で、長年継続して働かれている知的障害のある社員の方、そして彼らを支えてきた社員の方です。長く継続して働くことができた秘訣、特にどのようなサポートが効果的だったかといった点について、ご本人様なりのお考えをお聞かせいただければと思っています。インタビュー時間は一人30分以内を予定しております。
　本研究では、数々の賞を獲得されている貴社のグッドプラクティスから学ばせていただくことによって、一般就労している知的障害者の就労継続に有効な企業内外におけるサポートシステムモデルを実証的に構築することを目指します。これにより微力ながら知的障害者の「労働と生活の質の向上」に寄与できると考えております。
　インタビューの際はご本人様に不利益が生じないよう最大限尽力いたします（別紙のご本人様用の依頼書および同意書をご参照ください。インタビュー前に平易な表現でご説明をさせていただきます。）。このインタビュー調査で得られた情報はこの研究目的以外で使われることはありません。論文等を作成する際には、個人名や会社名を匿名にしたり、内容的に特定できないように修正したりするなど、みなさまにご迷惑をおかけすることがないよう最大限の注意を払ってまいります。
　なお、調査依頼を個別にさせていただく際には、調査へのご参加はあくまでも任意であり、協力を拒否していただくこともできますし、それによりその方に不利益が生じないよう配慮することをお約束させていただきます。その点も併せてご承知おきいただいたうえでご高配いただきますようお願い申し上げます。
　それでは季節柄、どうかご自愛くださいませ。

敬具

資料編

資料6　調査の障害のある社員に対する依頼書兼同意書（第4章）

障害のある社員用

平成25年　月　日

「知的障害のある方が長く働き続けるために必要なサポートに関する研究」における
インタビュー調査へのご協力のお願い

日本社会事業大学大学院博士後期課程
上村　勇夫
（電話：●●●－●●●●－●●●●）

　私は障害のある方の就労と地域生活の支援の仕事をしております。この調査は「知的障害のある人が長く働き続けるために有効なサポートとは何か？」というテーマです。この調査への参加はあくまでも自由です。この調査への協力を拒否することもできますし、参加されなくても何らかの不利益が起きないように配慮していくことを約束いたします。

　インタビューをさせていただきたい内容は、長く継続して働くことができた秘訣、特にどのようなサポートが効果的だったかといった点です。他の人に聞かせたくないことは話していただかなくても大丈夫です。またお聞きした内容はこの研究以外には一切使用しません。論文などで発表する際には、会社やみなさまの名前は一切出さず、内容からもわからないようにして、プライバシーを厳守いたします。

　以上のことをご理解くださる場合、ぜひ、インタビュー調査にご協力ください。インタビュー時間は一人30分以内を予定しております。

　なお、調査への同意をいただけるばあい、本書2通にご署名の上、調査協力者および調査依頼者各自1通をもつこととさせていただきます。

　以上の内容に同意される方はご署名をお願いいたします。

平成25年　月　日

調査協力者ご氏名　：＿＿＿＿＿＿＿＿＿＿＿＿＿＿＿＿＿

保護者様ご氏名　　：＿＿＿＿＿＿＿＿＿＿＿＿＿＿＿＿＿

資料7　調査の一般従業員に対する依頼書兼同意書（第4章）

> 一般従業員用

平成25年　月　日

□□□□　様

「知的障害者の就労継続のために必要なサポートに関する研究」における
インタビュー調査へのご協力のお願い

日本社会事業大学大学院博士後期課程
／●●●●●●●●
上村　勇夫
（電話：●●●－●●●●－●●●●）
（指導教員：日本社会事業大学　教授　植村英晴）

　私は日本社会事業大学大学院や●●●●●●●●に在籍しつつ、障害者雇用および障害のある方の地域生活支援に関する研究と実践に取り組んでおります。その中で「知的障害のある人が継続的に働くために有効なサポート（企業内外）とは何か？それを支えるシステムはどうあるべきか？」といった問題意識を常に持っております。
　今回㈱○○○○様から□□様をご紹介いただきました。□□様にお聞きしたい内容は、知的障害のある社員とともに働かれている中で、どのような企業内でのサポートが効果的だったかといった点です。ご経験の中で感じられてきたことを振り返っていただき、率直にお話しいただけると幸いです。ただし、他の人に聞かせたくないことは話していただかなくともかまいません。またお聞きした内容は研究目的以外には一切使用しません。論文などで発表する際には、会社名をはじめ、みなさまの名前は一切出さず、内容からも特定できないよう修正等をして、プライバシーを厳守いたします。
　この調査への参加はあくまでも自由です。この調査への協力を拒否することもできます。また、参加されなくても何らかの支障が起きることはありませんし、そのように配慮していくことを約束いたします。
　本研究では、みなさまからお話を聞かせていただくことによって、一般就労している知的障害者の就労継続に有効な企業内外におけるサポートシステムモデルを実証的に構築することを目指します。これにより微力ながら知的障害者の「労働と生活の質の向上」に寄与できると考えております。
　このような事情をご理解くださる場合、ぜひ、インタビュー調査に協力をしていただきたく存じます。インタビュー時間は1時間以内を予定しております。
　なお、同意をいただいたことを証するため、本書2通を作成し、ご署名の上、調査協力者および調査依頼者各自1通を所有することとさせていただきます。

　以上の内容に同意される方はご署名をお願いいたします。

平成25年　月　日

調査協力者ご氏名　：＿＿＿＿＿＿＿＿＿＿＿＿＿＿＿＿＿＿＿

索　引

あ行

アウトリーチ　66, 71
アセスメント　192
新たな社会哲学　14
生きた情報　157
一般従業員　i, 33, 77, 106, 174
　――に求められる能力　56
一般就労　24
一般就労至上主義　3
イネーブラー　67
井上友一　11
意欲　144, 152, 185
インタビューガイドライン　113
援助行動　34, 36, 37
　――の促進要因　37
　――の抑制要因　37
援助付き雇用　42
大河内一男　8
オープンコーディング　80
大山泰弘　26, 58

か行

外部支援機関との協働　96
風早八十二　9
活動制限　133
家庭との連携　96, 104
家庭の支える力　56
家庭の問題　124, 139
加齢現象　128
考えをそろえる困難感　iii, 98, 101, 104, 138, 147, 156
環境因子　125
北岡寿逸　8
機能　61
キャリアアップ　31, 129
教育環境　129
教育的機能　66, 153, 157
協調　34
協働　159
協同　34
ケアプラン作成　70
ケアマネジメント　6, 70, 71, 165
ケアマネジメント機能　68, 161
経営環境　125
経済秩序外的存在　8, 9
経済論的な狭い労働観　1
継続的比較法　82, 107
ケースアドボカシー　67
結合型ソーシャルキャピタル　20
厚生行政　1, 163
構造化内容分析　114
コーズアドボカシー　67
国際生活機能分類（the International Classification of Functioning, Disability and Health：ICF）　13, 51
互酬性の規範　19
個人因子　121
「個別化」の原則　102
個別性　127, 190, 192
コミュニケーション　104
コミュニケーション支援・対人関係支援　92
　――の困難感　96
コミュニタリアニズム　15

コミュニティ　16, 17, 20
　——における市民主体のきめ細やかなヒューマンサービス　20, 187
コミュニティソーシャルワーク　23
雇用管理的支援　87
雇用専門家　42
娯楽　11
権田保之助　11
困難感　iii, 79, 80, 92, 106, 182
　——の軽減策　79, 182

さ 行

サービス等利用計画　165
支援機関との協働　103, 104
自己効力感　144, 152, 179, 185
自己実現のための労働　12
仕事上の活動制限　121
自己評価サポート　74, 132
自己評価サポート機能　141
自己表現　10, 12, 128
持続可能な福祉社会　15
質的データ分析法　80
質的内容分析　114
市民民主主義　17
社会生活技能　129
社会的企業　17
社会的コンパニオン　74
社会的コンパニオン機能　134, 144
社会的弱者に対する援助行動　36
社会的なつながり　20, 187
社会投資国家　15
社会とつながるための労働　12
社会福祉学の性格と構造　44, 48, 185
集合行為のジレンマ　18
就労　24
就労移行支援事業　166
就労継続支援　4, 42, 43, 170

就労継続支援A型　25
就労継続（の）阻害要因　121, 123, 184
就労継続（の）促進要因　115, 184
就労継続に有効な支援モデル　155, 182
就労継続へのモチベーション　120
就労支援　12
障害者虐待防止法　161
障害者雇用職場改善好事例　110
障害者雇用対策基本法　103
障害者雇用率制度　3, 27
障害者雇用リファレンスサービス　110
障害者就業・生活支援センター　6, 167, 175
障害者就労支援センター　169, 175
障害者職業生活相談員　39, 103
障害者の雇用の促進等に関する法律　1
障害特性の理解　173
　——と配慮　126
障害特性への対応の困難感　iii, 98, 100, 102, 146
焦点的コーディング　80
情報のサポート　74, 133
情報のサポート機能　141
初期情報　157
職業人の育成　129
職業的困難　4
職業的困難度　41
職場外支援　82, 99
　——事項　87
職場定着支援　166, 168
職場内コミュニケーション　157
職場内支援　92
　——の困難感　93
職場の支える力　56
ジョブコーチ　i, 6, 34, 43, 103
自立生活　13
事例ーコードマトリックス　82
人的環境の整備　130

索　引

人的資本への投資　15, 16
信頼　19
信頼関係　102
生活構造論　51
生活支援（職場外支援）　92
　──の困難感　96
生活指導機能　140
生活と労働の関係　58
生活における問題　123
生活の基底　58
生活の自立　10
生活面も視野に入れた就労継続支援　185
生活も含めた総合的な視点　179
生活問題　5, 6, 96, 99, 121, 138
　──への対応の困難感　iii, 98, 100, 104, 146
説明的内容分析　114
セルフケア　57
セルフヘルプ　179
専門家との協働　42
総合相談　178
相談支援事業　165
相談支援事業所　i, 175, 183
ソーシャルキャピタル　18, 19
ソーシャルサポート　39, 41, 102, 103, 113, 131, 184
　──の限界　147
ソーシャルサポート機能　i, 141, 159, 174
ソーシャルサポートシステム　40
ソーシャルワーク　3
　──の必要性　159
ソーシャルワーク（の）機能　i, 17, 62, 168, 174, 183
ソーシャルワーク視点に基づく就労支援　43

た　行

第三の道　14, 15

第2号職場適応援助者（第2号ジョブコーチ）　39
代弁機能　67, 137, 145, 147, 156
多重コレスポンデンス分析　85
地域の支える力　57
地域包括支援センター　178
地位のサポート　74, 132
地位のサポート機能　141
チーム行動　34
チーム内のコーチング　34
チームの指向性　97, 104, 107
チームワーク　104
知的障害者　5
　──の生活機能障害　41
知的障害の定義　49
知的精神機能　53
注意をする難しさ　93
調整機能・生活指導機能　141, 145, 146
調整的機能　66, 136, 152, 156
ディーセント・ワーク　13
道具的サポート　74, 133
道具的サポート機能　141, 146
特例子会社　i, 25, 27, 28, 47, 49, 77

な　行

ナチュラルサポート　38, 78, 99, 107
ニーズキャッチ　171
ニーズ発見　71
26項目の支援事項　80, 113, 184
日本理化学工業株式会社　26
人間的労働観　7
人間本位の労働　59, 185
人間本位の労働観　12
ネットワーキング型の福祉社会　23
ネットワーク　19, 71
　──による連携と協働　23
ネットワーク構築　187, 191

223

能力主義　3
ノーマティブニード　68
ノーマライゼーション　29

は　行

橋渡し型ソーシャルキャピタル　20
『働く幸せ』　26
バックアップ行動　34
反構造化インタビュー　112
ピアサポート　71, 171
「人に仕事を合わせる」　127, 132
評価的機能　63, 153, 158, 171
フェルトニーズ　66, 68
フォーカスグループインタビュー　112
福祉から雇用へ　3
福祉的就労　24
文書セグメント　80
ホイジンガ, ヨハン　8
報徳運動　11
保護雇用　24
ホモ・ルーデンス（遊戯人）　8
本人の働く力　53

ま　行

メンバーチェッキング　115
モチベーションサポート機能　134, 144
モチベーションのサポート　74
求めと必要と合意に基づいた実践　190
モニタリング　70, 158, 160, 165
問題発見機能　135, 136, 144, 157

や　行

役割　61

——の適正化　105
——の迷い　105
遊戯　ii, 7
要約的内容分析　114
余暇　11
余暇支援　170
予防機能　68, 71
予防的かつ積極的アプローチ　23

ら・わ　行

ライフ・マネジメント　43
離職理由　78
リスク社会　15
理論仮説　23
レクリエーション　10
劣等処遇の原則　11
連携　73, 156, 173, 187
労働行政　1
労働生活の質（Quality of Working）　12, 25, 41
労動的自立　13
労働哲学　ii, 7
労働と生活の統合的支援　5
労働と生活の統合的支援体制　104
労働のための福祉（welfare-to-work）　17
労働力（の）再生産　9, 11
労働力重視　3
労働力政策　8
労働をとおした人間発達　12, 25, 27
ワークフェア　3, 46
「我以外すべて師なり」　130

《著者紹介》

上村勇夫（うえむら・いさお）

1973年　生まれ。
1996年　中央大学法学部卒業。一般企業，特例子会社での障害者雇用コンサルタント，
　　　　ジョブコーチ，障害者地域作業所等を経る。
2014年　日本社会事業大学大学院社会福祉学研究科社会福祉学専攻博士後期課程修了。
　　　　博士（社会福祉学）。
現　在　日本社会事業大学社会福祉学部講師。
主論文　「知的障害者とともに働く特例子会社の一般従業員の支援実態と困難感」『社会福祉学』
　　　　54(1)，2013年（2014年度日本社会福祉学会学会賞奨励賞（論文部門）受賞）。

MINERVA社会福祉叢書㊾

知的障害者が長く働き続けることを
可能にするソーシャルワーク
——職場のソーシャルサポート機能を重視した就労・生活支援——

2016年12月30日　初版第1刷発行　　　　　〈検印省略〉

定価はカバーに
表示しています

著　　者　　上　村　勇　夫
発 行 者　　杉　田　啓　三
印 刷 者　　大　道　成　則

発行所　株式会社　ミネルヴァ書房
607-8494　京都市山科区日ノ岡堤谷町1
電話代表　(075)-581-5191
振替口座　01020-0-8076

ⓒ上村勇夫，2016　　　　　　　太洋社・新生製本

ISBN978-4-623-07803-5
Printed in Japan

―――― MINERVA 社会福祉叢書 ――――

聴覚障害と精神障害をあわせもつ人の支援と
コミュニケーション
　　　　　　　　赤畑　淳著　Ａ5判　204頁　本体6000円

精神障害者のための効果的就労支援モデルと制度
　　　　　　　　山村りつ著　Ａ5判　380頁　本体6500円

ソーシャルワークにおける「生活場モデル」の構築
　　　　　　　　空閑浩人著　Ａ5判　256頁　本体6000円

ケアワーカーが行う高齢者のアセスメント
　　　　　　　　笠原幸子著　Ａ5判　256頁　本体6000円

―――― ミネルヴァ書房 ――――
http://www.minervashobo.co.jp/